1　フレスコ画が描かれた「獅子亭」の外壁
（本文20ページ）

2　ドイツ三名城の一つ、エルツ城
（本文46ページ）

3 バッハラッハの木骨組の家（本文22ページ）

4 ドイツのグランドキャニオン「ザクセン・スイス」（本文32ページ）

7 聖フラウエン教会のカリヨン
（本文37ページ）

5「つぐみ横丁」　昼間から観光客でごった返す
（本文29ページ）

8 インビスで売られている軽食
「カリーソーセージ」（本文43ページ）

6 ベルリンの壁を越えようとして射殺された人たちの墓
（本文36ページ）

9 黒い森の北部にある保養地　ムンメル湖
（本文48ページ）

10 「とんがり小屋」と
呼ばれている居酒屋
（本文49ページ）

11 フライブルクのマルクト市場
（本文54ページ）

12 フランクフルトにある「もじゃもじゃペーター」の噴水（本文56ページ）

13 黒い森のショーナッハにある世界最大のカッコウ時計（本文51ページ）

14 レーズン入りの
クグロフ
（本文68ページ）

15 ドレスデン王宮の壁画「君主の行列」（本文54ページ）

16 バート・デュルクハイムにある世界最大のワイン樽
（本文78ページ）

17 ヨハニスブルク城下のブドウ畑の中にある北緯50度の標識
（本文82ページ）

19 エーベルバッハ修道院のブドウ畑を囲む石の塀
（本文86ページ）

18 水飲み場に集まるイノシシのブロンズ像
（エーベルバッハ）（本文86ページ）

20 ブレーメンのシュノーア地区
（本文69ページ）

21 シュタッフェルター・ホフ醸造所のオオカミをデザインしたユニークなエチケット
（本文76ページ）

22 シュバイゲンのワイン門
(本文78ページ)

23 エルバッハにある「境界の泉」(マルコブルン)
(本文81ページ)

24 黒猫ワインのエチケット
(本文94ページ)

25 アイスワイン用ブドウの収穫
（本文89ページ）

27 ブレーメンのラーツケラーにあるローズの天井画
（本文133ページ）

28 フランケン地方特有のワインボトル
ボックスボイテル
（本文92ページ）

26 「アッフェンターラー（左）」と
「ダーゼンシュタインの魔女（右）」
（本文98ページ）

31 ヴィクトリアベルクのエチケット
（本文106ページ）

29 先帝侯の話が描かれたドクトールのセラーの扉（本文104ージ）

32 カッペレンホフ醸造所
（本文109ページ）

30 トリアー慈善連合協会が管理する醸造所の門に立つ聖ヤコブの像
（本文107ページ）

33 ヴェーレナー・ゾンネンウーア（日時計）のエチケット
（本文111ページ）

34 シュロス・シェーンボーンのエチケット
（本文125ページ）

35 ノイヴァイアーの町を通るワインの小径
（本文131ページ）

36 ヴァルター・フリーデルの
オリジナル・ローテンブルガー・シュネーバーレン
（本文150ページ）

38 シュヴァルツヴァルダー・キルシュトルテ
（本文147ページ）

37 ハイネマン自慢の「ヘレントルテ」
（本文148ページ）

39 ベルリナー・ヴァイス
（本文152ページ）

40 ドイツのハンバーグ「フリカデレ」
（本文153ページ）

42 クリスマスの定番「シュトレン」
（本文157ページ）

41 煮込み料理「グーラッシュ」
（本文160ページ）

43 ハワイアン・トースト
（本文163ページ）

44 マックスとモーリッツのコレクション
（本文167ページ）

45 メッキファミリーのコレクション
（本文169ページ）

46 ゲーベル社のフンメルドール
「マックスとモーリッツ」と「メッキ」
（本文171ページ）

50 からくり人形コルク
（本文174ページ）

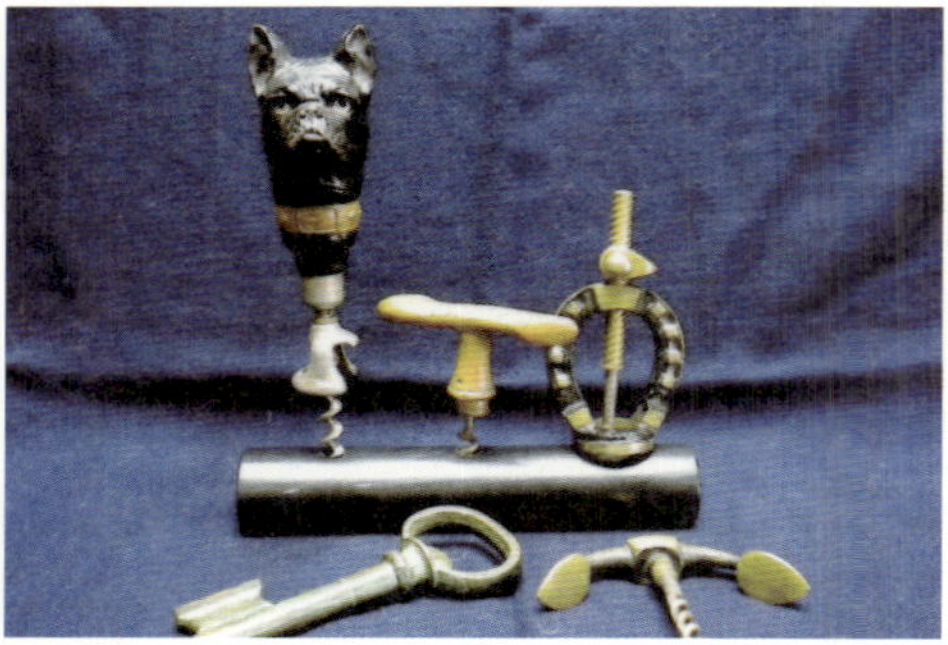

51 ドイツで購入したコルクスクリュー
（本文183ページ）

52 動物を擬人化したもじゃもじゃペーターのぬいぐるみ（本文175ページ）

47 大どろぼうホッツェンプロッツのフィギュア
（本文184ページ）

48 オーデコロン「4711」とカルトホイザーホフベルクのボトル（本文181ページ）

49 ローテンブルクのスカイジャンパー
（本文180ページ）

ドイツはビールだけじゃない！

知られざる魅力をもっと楽しむ
トラベリングブック

小佐野　淳 著

明窓出版

◎ドイツはビールだけじゃない！　もくじ　◎

第一部　観光編

第二部　ワイン編

第三部　グルメ編

第四部　人形・雑貨編

第五部　アンティーク・コルクスクリュー

はじめに

これまで訪れた外国の中で、私をもっとも魅了したのはドイツである。それは訪れた回数がヨーロッパでは最多であることにも起因しているだろうが、とにかく私にとってドイツはことのほか魅惑を覚える国なのだ。中でも特に私を魅了するのは、本書でも多くの頁を割いているワインである。

私の酒の嗜好は二十代がウイスキー、三十代が日本酒、四十代がワインというように年齢を重ねるにしたがって変わってきた。日本酒は今でもいただくが、ウイスキーはほとんど飲まなくなった。日本酒の好みは、もともとすっきりとしてフルーティーな純米吟醸酒。これをワインに置き換えたとき、辛口指向のフランスやイタリアのワインよりも、甘口で酸味の利いたドイツワインの方が合う。ドイツワインは日本料理、特に鍋物や魚料理、寿司にも合い、また、中華料理との相性も抜群である。私はカレーライスをいただくときにもドイツワインを飲んでいる。

ドイツのワイン造りはローマ時代に遡り、各地にさまざまな伝説や物語を生んだ。酒をいただくときに、私には銘柄や生産の背景を知ることは非常に大切であり、それが地理教師としての「こだわり」でもある。私はビールを飲まないため、本書ではビールに関してはまったく言及していない。その結果、ビールの名産地ミュンヘンも素通りである。

いろいろなことに興味を持つことは、旅のおもしろさを倍増させることもになる。その興味の対象といえば、ほとんどがガイドブックには載らない自分にとっての名所・名物・名品・名料理なのだ。だから、情報の少ない未知なる町や村はいつも魅力にあふれている。国際化や情報化がこれだけ進んでも、未知なる世界は永遠に無限である。

多くのガイドブックは、その国のあらゆる情報を一冊で紹介しようとするので、個々の内容が全く不十分なのだ。分厚いガイドブックの中で、一度の旅行に必要なページがほんの数ページであったりすると、その本は肝心の旅行に持っていかなかったりする。泊まらないホテルの情報がいくらたくさん出ていても、何の役にも立たないからだ。

本書は旅行のガイドブックではない。ドイツを本当に楽しみたいと思う人のために、旅行ガイドブックには書かれていない情報を提供するための本である。だからドイツ人でも知らないことがたくさん書かれており、私がドイツで遭遇した「ドイツらしくておもしろい場所」「ドイツらしくて珍しい物」をピックアップして紹介している。とあるドイツを紹介した本に「ロマンに満ちた麗しの国を旅する醍醐味は、街道巡りとライン下りにある」と書かれているが、本書では街道巡りもライン下りも紹介していない。それは初めてドイツを訪れる人がツアーで廻ればよい場所であり、ドイツに再訪する多くの人の目的は、そんなメジャーな観光地巡りにあるのではないと、実感しているからである。

私はドイツに居住しようとは思わない。居住してしまうと、現地に溶け込むことで「外から見る目」を失う恐れがあるためである。日本人が国内旅行をするときは、せいぜい二泊三日で、それも年に二、三回もすれば多い方だろう。ドイツに住むと、きっとこの状況と同じになってしまうに違いない。私はこれまで年に一、二度、それぞれ約十日間、ドイツを旅行してきた。合計すると一年近くドイツを回り続けた計算になる。この目で実際に見たその一部を、本書で紹介している。

ドイツを心から愛する人に、そしてこれからドイツを訪れようとする人たちのために、「ドイツってこんなに我々を楽しませてくれるものがあるんだ」ということを、わずかでもお伝えできれば、著者として望外の喜びである。

最後に、本書を上梓するまでの十数年間、ドイツのどこへでも車を飛ばしてくれた友人ミハエル・スタペル氏、ベルリンを中心に北ドイツ方面を案内してくれた門下生のカルステン・シュレーダー氏に心から感謝の意を表する。

２０１１年師走　吉日

小佐野　淳

第一部　観光編

エムデン
ブレーメン
ベルリン
ポツダム
シュプレーヴァルト
ミュンスター
マイセン
ドレスデン
ザクセンスイス
デュッセルドルフ
アイフェル山地
ローレライ
コブレンツ
バッハラッハ
エルツ城
フランクフルト
リューデスハイム
ベルンカステル
トリアー
ハルデンブルク
ヴュルツブルグ
ハイデルベルク
バートヴィンツハイム
シュパイアー
カールスルーエ
バーデンバーデン
シュヴァルツヴァルト
トリベルク
ショーナッハ
アルザス
ドナウエッシンゲン
ライン川水郷地帯
ラインフェルデン
シュタウフェン

ドイツ観光の楽しみ

「はじめに」で触れた内容と重複するが、ライン下りやロマンチック街道など、一般に観光名所と呼ばれている場所には、無駄のないツアーで巡ればよい。しかし、ツアーは万人向けに用意されているため、個々人の選択肢はほとんど通用しない。食事のメニューまで決められてしまっている。自分の趣味や目的を十分に満たしてくれるツアーなど、どこにもないのである。

自分の趣味にあったドイツを満喫したいのであれば、自主的に計画を立て、実行するしかない。ツアーに任せていたら、いつになっても外国の文化を深く理解することはできない。現在では、飛行機もホテルもネットなどで簡単に手配することができるようになったし、たとえホテルの予約をしていなくても、ドイツで宿に困ることはまずない。大抵どこの町にも民宿（private room）があり、行き当たりばったりでも喜んで迎えてくれる。一般家庭の空いている部屋に、原則一人一部屋で、朝食が付き、安価で快適である。

この章では、一般のガイドブックには記載されることの少ない観光地や美しい景色、私の目に止まった「珍しい物体」に焦点を当てて紹介する。

今、学校現場では主体的に学習できる生徒の育成が求められている。旅行はそれに最適な機会であり、大人になってからも生涯にわたって学び続けることができるという楽しみがある。

朝、日本を出れば、その日の午後にはドイツの町を歩いている……。

さあ、出掛けようではありませんか。

フリードリヒ浴場

黒い森（バーデン・ヴュルテンベルク州に位置する森）北部に、ヨーロッパの象徴的温泉地バーデン・バーデン★1がある。1877年、かつてこの町にあった古代ローマ浴場の跡地に建てられた、伝統的温泉館フリードリヒ浴場は、ローマン・アイリッシュ方式★2を取り入れた温泉として世界中に知られている。現在はヨーロッパ各地に見られるスパと呼ばれる温泉リゾートのさきがけともいえる存在であるが、他の温泉館と違うのは「全裸」で入浴することだ。

フリードリヒ浴場のすぐ近くには、1985年に「楽しさ」を重視したレジャーランド式の温泉館カラカラテルメが誕生した。現代人には水着で家族いっしょに楽しめる、プールスタイルのこちらの温泉館の方が人気があるが、どちらが好きかと問われれば、私は迷わずフリードリヒ浴場に旗を揚げる。

ローマン・アイリッシュ浴場は、ヨーロッパの温泉文化を理解する上で避けては通れない入浴方式であり、ヨーロッパの古き良き時代にタイムスリップしたかのような、優雅な時間を過ごすことができる。それは、非常にエレガントなリラクゼーションの世界でもある。フリードリヒ浴場はその「静寂さ」と「優雅さ」において他の温泉の追随を許さない。

それでは、実際の入浴システムを紹介しよう。基本的には1から16までの浴場を2〜3時間かけてゆっくり廻っていくが、それぞれの時間はおおよその目安なので、自由に短縮はできる。なお、混浴の曜日と男女別の曜日が設定されているので、事前の確認が必要である。

★1　バーデン
ドイツ語で「バーデン」とは入浴することを意味する。

★2　ローマン・アイリッシュ方式
16段階の手順にそって部屋を移動しながら入浴していく健康法。

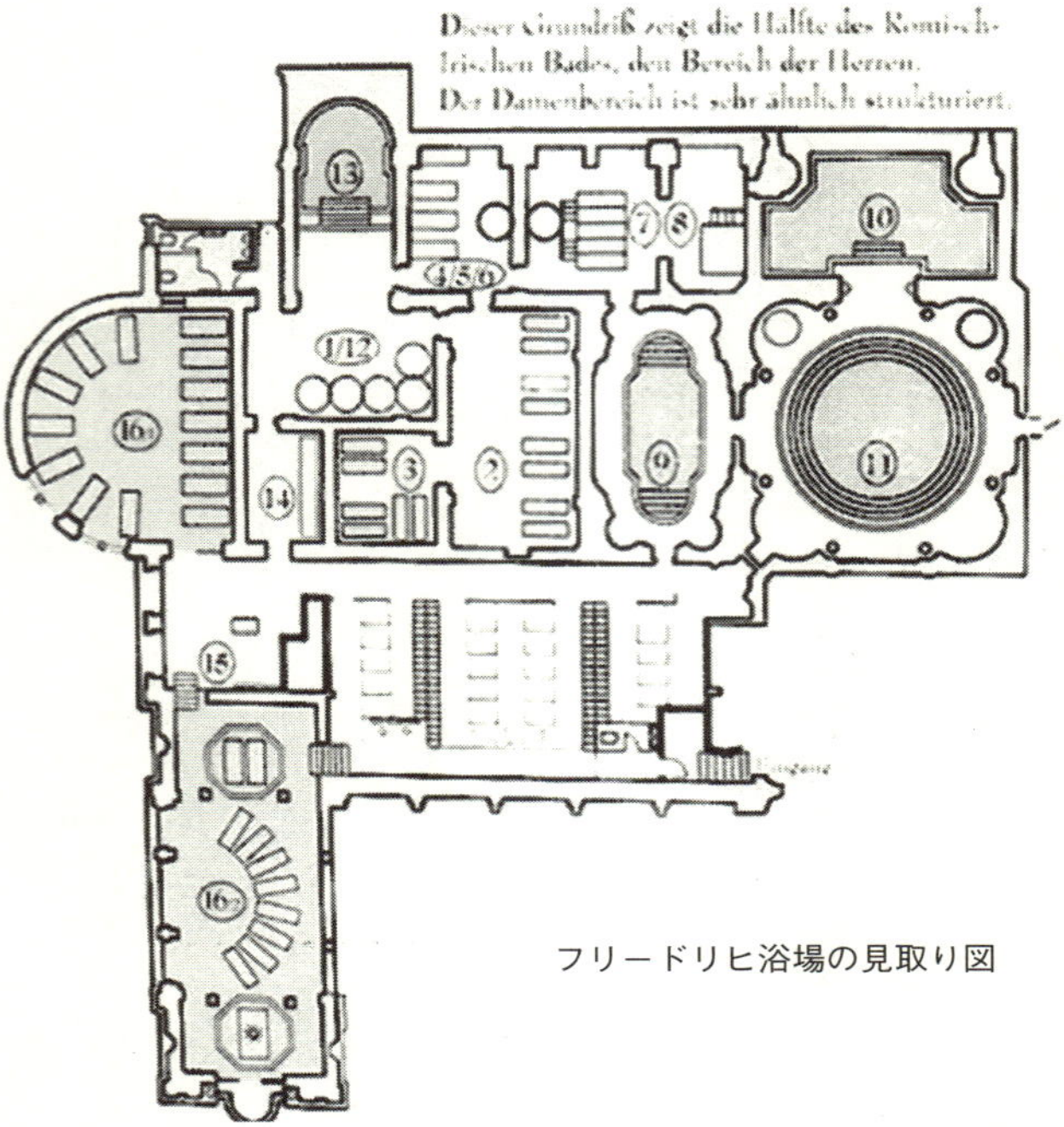

フリードリヒ浴場の見取り図

歴史を感じさせる建物の外観

1　Soap and water shower（5分）：男女別
温泉シャワー。
2　Warm dry air bath 54℃（15分）：男女別
低温サウナ。ベッドにタオルを敷いて寝る。
3　Hot dry air bath 68℃（5分）：男女別
中温サウナ。椅子にタオルを敷いて座る。
4　Rinsing shower（1分）：男女別
シャワー。
5　Complete body soap and brush massage（15分）：男女別（申込者のみ）
全身をブラシと手でマッサージ。
6　Rinsing shower（1分）：男女別
シャワー。マッサージを受けた人のみ。
7　Warm thermal steam bath 45℃（10分）：男女別
低温スチームサウナ。石造りの3段椅子が左右対象に積み上げられている。
8　Hot thermal steam bath 48℃（5分）：男女別
低温スチームサウナ。7の部屋の奥に座る。
9　Warm thermal (mineral) water bath 36℃（10分）：混浴
全身浴。小さい長方形のローマン・アイリッシュ式浴槽。
10　et-spray thermal (mineral) bath 34℃（15分）：混浴
ローマン・アイリッシュ式のジャグジー風呂。
11　Thermal (mineral) exercise bath 28℃（5分）：混浴
フリードリッヒ浴場のシンボル、ローマン・アイリッシュ様式の円形浴槽。高いドームの天井からは太陽光が差し込む幻想的な場所。大理石の円柱と彫刻の数々の素晴らしさは筆舌に尽くしがたい。
※9～11は時間内であれば自由に移動してもよい。
12　Rinsing shower（8分）：男女別
1のシャワーに戻る。
13　Cold water immenrsion bath 18℃（5分）：男女別
冷水浴。
14　Dry off with warm towels（4分）：男女別
従業員から渡される温かい大きめのシーツを身体に巻いて水分を拭き取る。
15　Cream service（6分）：男女別
クリームを全身に塗る。
16　Rest and Relaxation period（30分）：男女別
休憩室。デッキチェアーの上にシーツを敷いて寝る。

20

シュタウフェンとファウスト博士

シュヴァルツヴァルトの端にあるシュタウフェン（Staufen）は、人口7000人ほどの小さな町。1200年以上の歴史を持つ古い町である。環境モデル都市として世界的に有名なフライブルクから南へ、電車で30分ほどの場所に位置している。小高い山の頂上には、町のシンボルともなっている城の廃墟がある。町のメインストリートの一画が市庁舎前広場になっており、きれいな泉がわいている。

シュタウフェンのこぢんまりとした美しいメインストリート

この広場に面して「獅子亭（ツム・リォーベン）」という居酒屋を兼ねた旅館があり、建物の入口には「1407」という文字が書かれている。今から600年も前に建てられたのである。その壁にはファウスト博士[★3]が悪魔に殺されたシーンのフレスコ画[★4]（**巻頭口絵1参照**）が描かれ、次のような説明が添えられている。

「1539年、この場所で黒魔術師がファウスト博士を死に至らしめた」

悪魔メフィストフェレスと交わした契約の24年が過ぎたため、博士の首をへし折り、永劫の罰を下したのだという。市庁

★3　ファウスト
　大文豪ゲーテの戯曲によって世界的に有名になった魔術師。

★4　フレスコ画
　壁に漆喰を塗り、それが乾かないうちに水（石灰水）で溶いた顔料で描いた絵画。

舎の塔に上がる階段の一番上に、爪先が尖った足跡が残っている。これはファウストをひっさらって空中に飛び立つ際に、悪魔が残したものであるという。

ヨーロッパの民衆文学には、魔術師が登場する物語がいくつかあり、その中の一つに、有名な「テオフィラス伝説」がある。テオフィラスは悪魔を呼び出して契約をする。生きているうちは悪魔を自由自在に働かせることができるが、死後は魂を地獄に引き渡すという契約である。彼は悪魔の力を借りて、さまざまな不思議を行う。しかし、地獄堕ちの恐怖に耐え切れなくなった彼は、聖母マリアに祈り、心から悔い改める。すると、聖母はこの黒魔術師を憐れみ、悪魔から契約書を没収して破り捨て、彼を救うという物語である。

悪魔メフィストフェレスと契約したファウストは、さまざまな不思議を行うところまではテオフィラスと同じであるが、最後まで悔い改めることはせず、無残な最期を遂げたのだ。ちなみに獅子亭の言い伝えによれば、5号室で亡くなり、永劫の罰が下された真夜中に大きな音が響いたという。

木骨組の家

ドイツが誇る伝統の一つに、木骨組の家がある。特にメルヘン街道★5沿いの古い町ではたいていこのような家が密集している。フランスでも旧ドイツ領のアルザス地方によく見られる建築様式、コロン

★5　メルヘン街道
ドイツ中部のハーナウと北部のブレーメンを結ぶ全長約600㎞の街道。

バージュである。ドイツではこうした家屋をファッハヴェルクハウス（木の区画の家）と呼んでいる。

私は日本でも京都をはじめ、中山道の奈良井宿や妻籠《つまご》宿、東海道の関宿、あるいは飛騨高山の上三之町《かみさんのまち》などのような古風な街並みが好きであるから、こうした伝統的な街並みを見て歩くだけでも、充分に楽しむことができる。

ワインの村としてはライン河畔のバッハラッハ（**巻頭口絵3参照**）と、モーゼル河畔のベルンカステルが、綺麗な木骨組の家があることで知られている。外壁にむき出しになっている木骨は綺麗にペイントされ、真っ白な壁に映えて美しさを増している。木骨そのものが華やかな模様になっている場合も多い。

アルザス地方（コルマール）のコロンバージュ

この木骨組の家の特徴は、上の階になるほど大きくなることである。二階は一階より、三階は二階よりはり出している。地震の多い日本の木造建築は、柱と梁の組み合わせで一軒がまとまった構造をなしている。だから柱はすべての階を貫く「通し柱」となっており、その数が多いほど、耐震性の強い構造となる。ところが、アルプスの北にあるドイツでは地震の心配がない。だから各階はそれぞれ独立した構造になっており、一階の上に二階が乗り、その上に三階が乗る。つまり箱を積み重ねた状態なのである。各階は鎹《かすがい》で固定されているだけだが、決してずれるようなことはない。このような建築方法は、道路の幅を広くし、一階の日射量を減らすことができるため、商売や接客をすることの多い一階では、夏でも涼しく過ごすことができるのである。

マール

アイフェル山地はモーゼル川の北にある標高平均約５００メートルの丘陵状の高原で、ベルギー、ルクセンブルクと国境を接している。この山地一帯に小規模の成層火山★6、溶岩円頂丘★7、溶岩塔、溶岩流、マールなどの火山地形が２００以上もあり、「アイフェル単成火山群」と呼ばれている。このうち、爆裂火口に水がたまった円形状のマールは、深さ52メートルのラーヘル湖をはじめ、その周辺一帯に大小40以上もある。

日本のマールとしては、鹿児島県の池田湖のほとりにある鰻池や秋田県の一の目潟が有名である。地理で覚えるときに

アイフェル山地のマール

★6　成層火山
同一の火口からの複数回の噴火によって形成された円錐状の火山。

★7　溶岩円頂丘
粘性の大きい溶岩によって形成された急斜面の山体をもつ火山。

は「まーるいマール」という。

マールというのはドイツ語で、火山をその形態によって分類したシュナイダーというドイツ人が命名した用語であり、火山地形の名称がほとんどドイツ語なのはそのためである。

現在のドイツには活動している火山はない。ヨーロッパで活動的な火山★8があるのは、地中海沿岸とアイスランドだけである。

ドナウエッシンゲン

世の中にはどちらでも良さそうな論争がたくさんある。よくある「元祖」と「本家」の争いもその一つ。地理の世界では圧倒的に川に関する論争が多い。山脈と並んで自然的国境になりやすいのが川だからだ。しかし、川は山脈と違って流路を変えることがあるから厄介である。アメリカ合衆国とメキシコの国境を流れるリオグランデ川は、蛇行が激しく流路をしばしば変えるため、国境争いを招いたことがある。また、1969年に起きた中国とロシア（当時はソ連）の国境を流れるウスリー川の中州・珍宝島（ダマンスキー島）をめぐる大規模な軍事衝突（中ソ国境紛争）も有名である。

川の長さについても論争は絶えない。私が中学校で地理を習っていた頃は、世界最長の川はアメリカ合衆国のミシシッピ川だった。その後アフリカのナイル川となったが、最近では南米のアマゾン川

★8　ヨーロッパで活動している火山としてはシチリア島のエトナ火山が特に有名で、ほとんど常に噴火している。

ドナウの泉（ドナウエッシンゲン）

が世界最長を主張している。これは源流をどことするかによって起こる論争である。★9

川の名前もまた厄介で、大きな川になれば、当然多くの支流を持つことになる。支流の長さを本流に加えるかどうかで、その川の長さは変わる。南米のラプラタ川などは、蜘蛛の巣のごとき支流を持ち、実際にラプラタ川と表記されるのは河口のエスチュアリー（三角江）の部分であり、そこはほとんど「海」である。

ドナウ川は、ドイツのシュヴァルツヴァルトに源を発し、オーストリア、ハンガリーなど10ヶ国を通って黒海に注ぐ全長２８５０kmの国際河川である。その源泉とされる「ドナウの泉」がドナウエッシンゲンという町の中にあり、覗くと水が湧き出ているのがよく見える。

このドナウ川の源泉をめぐり、古くから論争が絶えない。それはこの源泉より上流にブリガッハ川とブレーク川という二つの支流があり、この両河川はドナウエッシンゲンの郊外で合流している。ドナウ川の名称はこの両河川の合流点で初めて登場するため、ドナウエッシンゲンでは合流点のすぐ近くにある「ドナウの泉」が源流であると主張しているのだ。

一方、ブレーク川はブリガッハ川との合流地点よりさらに48kmも上流に行ったところに源泉があり、その源泉があるフ

★９　世界の川の長さ（国立天文台「理科年表」（2010年度版）より
ナイル川　6.695km
アマゾン川　6.516km
長江　6.380km
ミシシッピ川　6.019km

ルトヴァンゲンでは、そここそがドナウ川の源泉であると主張して譲らない。

どちらでも良いなどといったら両方の町から叱られそうだが、地理学的に見れば、フルトヴァンゲンの方に分があるだろう。

シュプレーヴァルト

ベルリンから車でわずか1時間ほど南下したポーランドとの国境近くに、広大な自然そのままの水郷地帯シュプレーヴァルトがある。この水郷地帯はベルリン市内を流れるシュプレー川の水源にあたり、網の目のように流れる運河は今、カーン（Kahn）という手漕ぎボートやカヌーによる遊覧で人気を集めている。小さな町リュベナウがその中心地で、休日には行楽客でごった返す。その綺麗な景色からブランデンブルク

のどかな風景が広がるシュプレーヴァルトの水郷地帯

州のベニスとも呼ばれている。

似たような場所はドイツに何カ所か存在するが、観光地としての機能という点においてはここが最も充実しており、ユネスコの生物圏保護区[★10]にも指定されている。

付近にはスラブ系のソルブ（ゾルベン）人が居住しているが、ドイツ人との混血や同化が進み、伝統的な習慣や言語を保持しているソルブ人は、極めて少数になってしまった。

シュプレーヴァルトはドイツの野菜の産地としても有名で、中でも一番有名なのがキュウリ。スパイス風味やペッパー風味、ニンニク風味、さらにからし風味など、たくさんの種類のピクルスが売られている。

カールスルーエ

地理の教員としては、カールスルーエの放射環状路型[★11]街路を見ないわけにはいかない。ということで、ある年の冬にこの都市を訪れた。観光都市ではないので、日本のガイドブックではほとんど紹介されていない。ICE（ドイツの新幹線）でフランクフルトから約1時間の場所にあり、ドイツで最も古い工科大学や、連邦憲法裁判所、連邦最高裁判所などがある。

街並みは、ベルサイユ宮殿を模倣して建造されたカールスルーエ城を中心に、扇形に形成されてい

★10 生物園保護区
ユネスコの「人間と生物圏計画」に基づき、人間と生物圏相互間の均衡がとれた環境を保全するために創設された。

★11 放射環状路型
都市形態の一つで、中心から放射状に広がる道路と、同心円状道路が交わる形態をなす。カールスルーエの他にモスクワ、パリ、キャンベラが好例。

る。したがって街路は城を中心にして放射状に広がっている。この街並みは、18世紀の初めにカール・ヴィルヘルム辺境伯によって、1787年に招かれたイタリア人建築家、ペディッティが立案したもので、太陽光線をイメージしているという。カールスルーエとは「カールの安らぎ」という意味である。

カールスルーエ城の前庭

この都市を訪れた唯一の目的は、地理の授業で使う放射状道路の写真を高い位置から撮影することだった。城の塔に上れば街は見渡せる。しかし、さすがに道路は見えない。仕方がないので郊外の丘に登ってみたが、やはりダメ。地元の人に聞いたら「それはヘリコプターでないと無理だ」と言われ、ガッカリしたことを覚えている。

カールスルーエには道路の他にもう一つ有名なものがある。それはトラムトレインである。トラムトレインとは、利便性を高めるために一般の鉄道路線上でも路面電車を走らせるようにした交通機関である。1992年にはじめてこの方式を実現したカールスルーエにちなみ、「カールスルーエモデル」と呼んでいる。国鉄線に乗り入れているので、乗り換えの手間が省ける上に、他の都市にも直通しているため、たいへんに便利である。

つぐみ横丁で最古のワイン酒場「ドロッセルホーフ」の入口装飾
1727年の創業

ドイツで最も有名な飲食店街

ドイツで最も有名な飲食店街といえば、ライン川観光をすれば必ずと言っていいほど、その行程に入れられるリューデスハイムの「つぐみ横丁（ドロッセルガッセ）」（**巻頭口絵5参照**）であろう。だからドイツ観光をしたことのある日本人ならたいていは知っている。150メートルほど続く狭い路地の両側にワイン酒場が隙間なく立ち並ぶ光景は、ドイツでも珍しいと言える。夕方ともなれば、通りのあちこちでグラスを傾ける幸せな笑顔が見られる。付近一帯は土産物店も充実しているから、一度は訪れてみたい場所である。

日本であえて同じような場所はどこかと問われれば、やはり狭い路地に料亭が並ぶ京都の先斗町《ぽんとちょう》と答えるであろうか。その他の共通点（欠点でもある）はといえば、俗化しすぎていて観光客で溢れていること、料理や接客態度において少なからず期待を裏切る酒場があること、の2点である。

ドイツの食文化を理解するのにこれほど適した場所はないが、残念ながら、土地柄もあって、ここでは「ビール」は二の次であり、また、地方の純粋な食（つまりは家庭料理）を味わえる店も少ない。私感で言えば、ビール党の人はここへは行くべきではないし、ここでビールを飲むことは邪道であると思う。また、アルコール駄目人間にとってこれほどつらい場所はない。ここでは、川魚料理に合わせてカビネットクラスの地元産ワインを注文すれば十分である。

つぐみ横丁を抜けると、やや広い石畳のオーバーストリートに出る。ここにニーダヴァルト行きのゴンドラ乗り場がある。このゴンドラに乗って眺めるブドウ畑の光景は最高だ。頂上には１８７１年のドイツ帝国再建を祝う「ゲルマニア女神★12の記念碑」があり、ここからのライン川の眺めもまた格別である。

ハイデルベルクの学生酒場

古城街道の西端マンハイムのすぐ東にある大学の街、ハイデルベルクは今や中部ドイツの中心的観光地になった。フランクフルト空港からも近く、ドイツ旅行の最初か最後に訪れる街でもある。ハイデルベルク大学、ハイデルベルク城、哲学者の道、学生牢、プファルツ選帝侯博物館、カールテオドール橋など、一日では廻りきれないほどの名所に溢れている。

そんな、学生たちの街ハイデルベルクで是非とも立ち寄りたいのが学生酒場だ。中でも特に古く、有名なのが「ツム・ゼップル」。街の中心マルクト広場から徒歩３分、カール広場に面した一画にある。

★12 ゲルマニア女神
神話に登場する女神ではなく、ドイツを擬人化したもの。

学生酒場　「ツム・ゼップル」

伝統を感じる「ツム・ゼップル」の内部。中央が著者。

1634年に建てられた伝統ある酒場の内部は、壁や天井がプレートや学生たちの古写真で隙間なく埋め尽くされ、テーブルや椅子は学生たちが刻み込んだ絵や文字でいっぱいである。しかし、決して新調しないのがこの店の拘《こだわ》りで、これもまた伝統の一つ。昼間は落ち着いた雰囲気で酒をいただけるが、夜ともなれば酔って、歌って、踊る賑やかな酒場に変貌する。窓側には一人席もあるので、一人で入っても周囲を気にせず楽しめるのがこの店の魅力である。しかし、最近は日本人のツアー客で占拠されてしまうことが多く、そんな場面に出くわせば、正直、興ざめしてしまう。正直なところ、学生酒場での料理は、期待しない方がよいのでビールだけをいただき、その雰囲気を味わえれば十分だろう。

ザクセン・スイス

ドレスデンからエルベ川を20㎞ほど遡った地に、ザクセンのスイスと呼ばれる「エルベ砂岩山岳」がある。ここはドイツのザクセン州とチェコのボエーム地方にまたがっており、ドイツ側は368㎢、チェコ側は300㎢という広大な面積を占めている。ドイツでは珍しく、周囲は見渡す限りさまざまな形の巨大な奇岩が大地から突き出している。

この地形は1億年もの昔、海底が盛り上がって砂岩の層となり、長年の雨水の浸食作用と風化によ

荘厳なバスタイ・ブリュッケ

り形成されたもので、谷底から100mもの高さの断崖絶壁の地形を造り出している（**巻頭口絵4参照**）。

昔、イギリス人のある画家がこの地方に絵を描きにやってきたとき、この景色を見て「スイスのように美しい」と言ったことから「ザクセン・スイス」と呼ばれるようになったとのこと。最近は「ドイツのグランドキャニオン」とも呼ばれている。

岩山の中には展望台がいくつも設けてあり、細い道を辿って行くと次々と奇岩・奇景が現れる。ザクセン・スイスの一番の見所は、1851年にエルベ川の川面から200mの高さに建造された「バスタイ・ブリュッケ」という石造の橋である。

ベルリンのニコライ地区

ベルリンの古き良き時代を見ようと多くの観光客が、このニコライ地区[★13]にやってくる。この地区には、伝統ある居酒屋やレストランが密集している。そんな中で、ベルリン市民に最もよく知られ、愛されているのが『ツム・ヌスバウム（クルミの木）』という破風（三角形の造形）屋根のこぢんまりとしたレストラン。その名のとおり、レストランの庭にクルミの木が一本立っている。

『ツム・ヌスバウム』の外観

創業は１５７１年。ベルリンで最初の居酒屋としてニコライ教会（１２３０年建造のベルリン最古の教会）の前にオープンした。以来、多くの文化人がこの店に通ったが、１９４３年に戦禍に遭遇して破壊されてしまう。店はその後、長い間休業していたが、１９８７年にベルリン市政７５０年祭に向けてニコライ地区が整備されたときに再建され、営業が再開された。元来居酒屋なので、簡単なベルリン料理とビールくらいしかないが、安くておいしいのでいつも満席である。

他にも『ラインハルツ』や『裁判館』などの人気レストランがあり、ニコライ地区のすぐ東隣には、ベルリン最古のレストラン『ツーア・レッテン・インスタンツ』がある。

★13 ニコライ地区
赤の市庁舎からシュプレー川の間に広がる地区で、ベルリン発祥の地とされている。

ニコライ地区は食事や散策にぴったりなだけではなく、アンティークショップにテディベア専門店、エルツ地方の木のおもちゃ屋などが軒を連ね、ちょっと気の利いたドイツらしいお土産を探すのに最適な場所である。

ポツダムの風車

ポツダムのサンスーシ宮殿★14内に、独特な形をした、とても魅力的な風車がある。

フランスの劇作家フランソワ・アンドリューはこの風車について、次のような伝説の物語、「サンスーシの粉屋」を残している。

あるとき、アーノルトという粉屋が地主に地代を払えず、水車を取り上げられそうになった。粉屋がフリードリッヒ大王に相談すると、大王は裁判の判決を覆して、アーノルトに水車の所有を認めた。農民に寛大な大王は、

ポツダムの風車

★14 サンスーシ宮殿
　フリードリヒ大王の命により彼の夏の離宮として建てられた。

この「アーノルト事件」で一躍市民の人気を集めた。

ところが、宮殿の裏手にもう一つ厄介な風車小屋があった。フリードリッヒ大王は宮殿の修築を行った際に、このあたりの土地を買い増し、そこに風車があっては庭園の景観の邪魔になるので、粉屋に命じて取り壊させようとした。大王は、粉屋を呼び寄せて言った。「おまえの風車は一日中ガタガタと大きな音を立て、非常にやかましい。おまけに小屋の中で騒がれては迷惑だ。即刻取り壊せ」。粉屋は一向に応じる気配がない。大王は堪忍袋の緒が切れ、もう一度粉屋を呼んで言った。「言うことを聞かないのなら、無理にでも壊してしまうぞ」。粉屋はこれに即答した。「ベルリンに裁判所がなければ」と。これを聞いた大王はやむを得ず計画を中止した。国王の権限でも、個人財産を廃棄することはできないという結論が出て、そのまま残ったということである。風車はその子孫に相続され、今なお、美しい姿を保ち続けている。

もう一つのベルリンの壁

この白い十字架のボードは、ベルリンの壁を越えようと亡

こちらはベルリン市内に現存する本物の壁（イーストサイドギャラリー）

命を試みたが失敗し、東の国境警備隊によって射殺された人たちの墓（板碑）である**（巻頭口絵6参照）**。ブランデンブルク門を出たところのベルリンの壁の跡地付近にある。いつでもたくさんの花が捧げられている。なんと壁が崩れる何ヶ月か前の日付の墓もある。ベルリンの壁崩壊後もこうした犠牲者の墓がもう一つのベルリンの壁を作っている。

カリヨン

千年以上の歴史を持つ「ザクセンのゆりかご（発祥の地）」マイセンは、ドレスデンから約30㎞北西にある人口約3万人の小さな町である。

マイセンの繁栄を語る上で、白磁器を外すことはできない。18世紀の初め、貴族の間では、東洋の磁器が「白い金」と言われて珍重されていた。アウグスト強王もその魅力にとりつかれ、錬金術師のベドガーは王の命によ

聖フラウエン教会があるマイセンの中央広場

り、１７０８年にヨーロッパ初となる磁器の製造に成功した。１７１０年にはアルブレヒト城で製造が開始され、正式なマイセン磁器製作所が誕生した。偉業を成したベドガーは、製法の秘密を守るために城に幽閉され続け、磁器の発明から10年後にアルコール中毒となり、37歳の若さでこの世を去った。

このような歴史を持ち、三百年も昔から作られてきたマイセン磁器は、今では食器ばかりではなく、教会の鐘や壁画などあらゆるところに使われ、その種類は23万種を超えると言われている。街中にある聖フラウエン教会には、マイセンの磁器でできたカリヨンと呼ばれる鐘**（巻頭口絵７参照）**があり、時間が来ると金属のベルとは一味違う音色を耳にすることができる。

もう一つのライン川の顔

ドイツ南西部のフライブルクからもう少し南下した辺りのライン川の右岸には、フランス国境となっている本流とは別に多くの分流があり、ちょっとした水郷地帯を形成している。ここ

休日にカヌーを楽しむ人々

には当然、大型船舶は入ってこないし、水質も綺麗でさまざまな水生生物が生息している自然の宝庫である。周囲は森林に覆われて、静寂に包まれており、ボートやカヌーで休日を楽しむ人々が見られる。ベルリン南部のシュプレーヴァルトとは違い、沿岸には村もなく、貸しボート屋もない。だからカヌーはほとんどが自前である。西ヨーロッパでは、原始の姿を留めた手付かずの川を見ることはめったにない。人間の手が加えられていない自然の川は、ヨーロッパ全体でわずか2%しかな言われている。近年のドイツ人は、このような場所を大切にしている。

側転小僧の町

デュッセルドルフは、ライン河畔にあるライン工業地帯の都市の一つである。また、この都市は「ドイツの小パリ」といわれるほどのファッションの町でもある。

このデュッセルドルフの名物の一つに「側転小僧」があり、毎年側転大会なるものまで催されている。ドイツ語で側転はラートシュレーガーという。

デュッセルドルフの商店街で側転をする著者

側転小僧は市内のあちらこちにオブジェとして飾られ、公園の噴水や教会のドアノブのモチーフとして親しまれている。

側転小僧伝説の由来については、13世紀のヴォリンゲンの戦いから凱旋した兵士たちを子供たちが側転をして出迎え、喜びを表現したという説がある。ヴォリンゲンの戦いとはデュッセルドルフのグラーフ・アドルフがケルン司教を破った戦いで、その勝利によってデュッセルドルフは都市権を獲得した。そのときに市民がそれを祝って側転をしたのだという。さらには20世紀の初め頃、子どもたちが側転をして小銭を稼いだとする説もある。

私もこの町を訪れたとき、商店街で側転を披露し、周りの店の人たちから拍手をいただいた思い出がある。

バートヴィンツハイムの野外博物館

ドイツのみならず、ヨーロッパではたいていどこの国へ行っても、その地方の伝統家屋を一カ所に集めた野外博物館がある。

バートヴィンツハイムの野外博物館にある保存家屋

ドイツではシュヴァルツヴァルトのグータッハという村にある野外博物館が有名だ。

ここでは、ローテンブルクの東に位置するバートヴィンツハイムの野外博物館を紹介しよう。この町は格安ホテルが多いため、観光客がよく足を止める場所である。しかし、多くの観光客は夕方来て宿泊し、朝には出てしまうので、野外博物館を訪れる人は意外に少ない。しかし、地理教員の私には、絶対に見逃せない場所の一つである。

野外博物館が古い民家を集めているのは当然であるが、敷地内では現役で作物を栽培し、家畜を飼育しているのがすごい。家屋の周囲には井戸から穀物倉庫、炭焼き場、墓石、鳥小屋まで往時の生活環境がそのまま残されている。入り口付近には古い民家を利用したレストランや売店もあり、快適なひとときを過ごすことができる。

風力発電

風力エネルギーは石油、石炭や原子力エネルギーの代替となるものである。ドイツは世界有数の風力エネルギー大国★15であり、風力を使った発電量は世界第３位（２０１０年）を誇る。ドイツ政府は２０３０年までに、風力エネルギーの割合を20～24％にまで高めるという長期目標を掲げている。

しかし、風力発電優先の考え方に反対する動きも各地で起こっている。自然豊かなシュヴァルツヴ

★15 ドイツの風力発電量

2007年までは第１位を堅持していたが、2008年にアメリカ合衆国に、2009年には中国に大逆転され、現在は３位に転落している。

アルトでも、近年、大型の風車があちらこちらに立つようになり、激しい景観論議が交わされている。

風力発電がこれほど普及している背景には、１９９１年に施行された「電力供給法」がある。この法律により、風力や太陽光など、再生可能なエネルギー源によって作られた電力は電力供給会社が20年間買取ることが義務づけられ、その最低買取額が定められた。つまり、再生可能エネルギーを作れば必ず一定額以上の値段で買ってもらえ、生産者に利益が生じる仕組みができたのである。原子力や化石燃料に比べて生産コストがかかる再生可能エネルギーを普及させるための、ドイツ政府の政策である。この法律は、２０００年、ＥＵ内での電力市場自由化に伴い、内容が修正され、「再生可能エネルギー法」として新たに制定された。

ドイツのいたるところに見られる風力発電装置の大型風車

私の感覚では、地中化の進まない日本の電線に比べて、風車の形をしているこの装置の方がはるかに美観に優れているように思う。

しかし、脱原子力を推し進めているドイツが電力不足を補うため、世界有数の原子力発電大国であるお隣のフランスから電力を輸入しているのは何とも皮肉な話である。

インビス

インビスとはドイツで気軽に立ち寄れる軽食店のこと。インビスにはいろいろな種類がある。ギリシャ料理やトルコ料理、東南アジア系料理や中華料理などだ。夏にはアイスクリームを食べさせるインビスもたくさんある。待ち時間もほとんどなく、安価で比較的美味しい軽食が食べられる。ドイツ料理は概して美味くないが、インビスの焼きソーセージなどは下手なレストランよりはるかに美味しい。

ベルリンでは焼きソーセージを小さく刻み、カレー粉とトマトケチャップ風のソースをかけたカリー・ソーセージ★16（**巻頭口絵8参照**）が名物になっている。中でもヴィッテンベルグ広場のインビスで売られているカリー・ソーセージは特においしい。

インビスはどこの街にもたいていはある。持ち帰りが基本であるが、イートインで食事ができるところもけっこうある。

ヴィッテンベルグ広場のインビス

★16 カリー・ソーセージ
1949年、ベルリンの小さな軽食スタンドでヘルタ・ホォイウェアという女性が売り出し、今ではベルリンの名物になっている。

一つの町が二つの国に

ライン川を中央にして左側がドイツ、右側がスイス（ラウフェンブルク）

ドイツとスイスのライン川国境地帯には、一つの町が両国に分かれてしまっている場所がいくつかある。古来、渡し船で往来していた一つの町は、川の中央部に引かれた国境という見えない線によって二つの国に分けられてしまった。「おとぎの国のような旧市街が残る」と言われているラインフェルデンの町は、中世以来の美しい町並みがドイツとスイスに分かれており、石橋が繋いでいる[★17]。このライン川を国境と定めたのは、かの英雄ナポレオンであるという。

「急流の城」という名のラウフェンブルクの町も同じである。色とりどりに塗られた壁を共有している細くて高い建物が、河岸にギッシリと並んでいる。ここも中世から続く小さな町で、町中にある小径や噴水は趣があり、散策をするのにとてもよい町である。

★17 渡津集落《としん》
川の渡し場として発達した集落。ラインフェルデンもかつては渡津集落だった。同様の都市にフランクフルトやイギリスのオックスフォードがある。

毎日観光客で賑わうポルタニグラ

ポルタニグラ

ドイツ最古の都市トリアーにローマ時代から存在する重厚な門がポルタニグラ★18（黒い門）である。この門は、昔、この町を囲んでいた城壁の入り口で、旧市街の北の入口になる。孤立状態でドカーンと腰を据えているため、周囲の明るい町並みには全く調和していないが、これはこれでトリアーの重要なシンボルとなっており、1987年にはユネスコ世界文化遺産にも登録された。

構造はモルタルを使用しない砂岩を並べ、交互に積み重ねて鎹《かすがい》で固定されている。高さ30 m、幅36 m、奥行22 mの二重構造で、144のアーチ型の窓がある。

ドイツでは有名な観光地の一つであるが、ドイツの西の端に位置しており、また、モーゼル流域ではここと エルツ城くらいしか見るべき名所がないため、一般観光客向けのツアーにはほとんど組み込まれることはない。しかし、あなたがもしドイツワインが好きなのであれば、一度は訪れるべき町であろう。ここには有名なトリアー慈善連合協会の醸造所があるのだから。

トリアーには他にもトリアー大聖堂、バーバラ大浴場、円形劇場、ローマ橋などの古代ローマ遺跡が多数残っている。

★18 ニグラ
ニグラはラテン語の niger（ニゲル、黒）に由来する。ローマの支配下にあったため、この名が残っている。黒人をニグロと言うのも同根である。

エルツ城

古城の多くは廃墟と化しているが、今なお美しい姿を見せている名城がいくつかある。その代表格ノイシュバンシュタイン城はあまりにも有名であり、たいていのガイドブックに紹介されているので、少しドイツの「通」になった人にはここで触れなくてもよい情報である。だからあえて本書では、エルツ城を紹介する。このエルツ城も、実はドイツ三名城の一つとされているのである**（巻頭口絵2参照）**。惜しむらくは観光ルートから完全に外れているため、ツアーではまず見学することができない。しかし、だからこそ個人旅行で行ってみたい場所なのだ。

モーゼル川の支流、エルツ川にそびえるエルツ城は、14世紀に攻略されて以来、幾多の苦難を乗り越えて森の中にひっそりと佇んでいる。周りが完全に山に囲まれており、外からは城の存在が全くわからない。この城から見えるのは山の木々だけであり、城としての本来の機能を持っていたのかと疑問すら感じられる。徒歩で行くと本当に辛くなるような場所にあるので、晴れた日に覚悟を決めて行くべきである。だからこそ、目の前に突然この城が現れたときの感動も大きいのだ。

名城といわれるだけあって、やはり美しい。まるで「おとぎの国の城」である。正直、私はドイツの城はあまり好きではないが、ここだけはお気に入りである。城内の各部屋に飾られた中世の武器をはじめとする調度品の数々も、一見の価値がある。

シュパイアー大聖堂

教会も一つは紹介が必要と思い、ヨーロッパで最大のロマネスク教会として知られるシュパイアー大聖堂を選んでみた。難儀な歴史の話は専門書に任せるとして、ここでは簡単に紹介しよう。１０３０年、ザリア家出身のコンラート２世がドームの建設を開始し、その工事は息子のハインリッヒ３世に引き継がれた。何回も改修を繰り返した後、ハインリッヒ４世が大改修を行い、１０６１年に現在の形になった。

宗教改革に際しては、１５２６年にここで帝国議会が開かれた。結果はルター派[★19]に有利なものであったが１５２９年に開かれた第２回の帝国議会では、再びルター派の権利が大きく制限されてしまった。これに対して、５人のルター派諸侯と14の都市が抗議書を提出した。このことからルター派をプロテスト（抗議する人）と呼ぶようになった。

マクシミリアン大通りに立つサンチアゴ像
正面がシュパイアー大聖堂

四方八方どこから見ても綺麗な姿を見せる大聖堂であるが、私は北側のマクシミリアン大通りから見るのが好きである。この大通りにはキリスト12使徒の一人サンチアゴ（聖ヤコブ）像が立っている。

★19 ルター（1483～1546）
アウグスティヌス修道会の司祭。ルター派は北ドイツを中心に北欧諸国に発展していった。

黒い森

西はフランス、南はスイスに国境を接する南ドイツにある広大な森がシュヴァルツヴァルト、黒い森である。南北160㎞、東西30～50㎞の広さを持つなだらかな丘陵地帯を形成している。森の多くは植林されたモミの木であり、密集して生えるモミの木によって暗く（黒く）見えることがその名の由来である、と説明されることが多い。しかし、モミの木は後代になって植林されたものなので、名称の起源としては説得力がない。もともとはブナの原生林が大半を占め、中世の人々が、昼間でも暗く鬱蒼としている未開の森林に対して、恐怖の念をもって黒い森と名付けたというのが真相であろう。

しかし、一口に森といってもグリム童話にあるような深い森はもう昔のことで、今では低い山々の間に小さな村や畑が点在し、季節ごとにさまざまな美しい変化を見せる開けた山岳地域となっている。また、丘陵と森林の中には家族連れがゆっくりとバカンスを過ごせる休暇村がたくさんある（**巻頭口絵9参照**）。付近には温泉も多く、森林浴の発祥の地ともされている。

黒い森の伝統的なシャレー風古民家

1970年代から80年代にかけて黒い森を襲った酸性雨によ

り、森林は惨状を呈したが、その後、政府が環境保護に乗り出して、原発やゴミ焼却炉の数を激減させたため、今ではかなり改善されている。近くには世界を代表する環境モデル都市のフライブルクがあり、同じく世界に知られる温泉地バーデンバーデンがあり、さらに医学的に効果を認められている森林浴に打って付けの場所とあっては、政府も見過ごすわけにはいかなかったのだろう。

黒い森の中には、カッコウ時計で知られるショーナッハ、七段の滝で知られるトリベルク、古民家を集めた野外博物館のあるグータッハなど、見所も多い。

ドイツで最もかわいらしい家

ベルンカステルはモーゼル河畔で最も人気のあるワインの村で、本書でも紹介している有名なワイン「ドクトール」の醸造地である。この村が観光客に人気なのは、何と言っても木骨組の美しい家に囲まれたマルクト広場があるためで、ここだけは一年中、観光客でごった返している。広場の一角には1606年に造られたという大天使ミカエルの泉がある。さらに少し奥に行くと、今度は熊の泉に出合う。この泉が村の歴史を語っている。ベルンカステルの名の由来は、〃ベーレン〃（熊たち）と〃ケッセル〃（谷）の合成語から来ており、「熊たちの谷」という意味になる。

さて、広場に戻って、奥の横町に目を向けると、そこには何ともかわいらしい「とんがり小屋」と呼ばれている居酒屋がある（**巻頭口絵10参照**）。１５３８年の建築というから驚きだ。頭でっかちのキノコのような形をしており、しかも恐ろしいことに少し傾いている。ドイツは地震がないので、これでも耐えることができるのであろう。ベルンカステルを訪れる人のほとんどは、このかわいらしい家を撮影していく。「ドイツで最もかわいらしい家」というのは、私個人の勝手な解釈によるものであることを付け加えておく。

モーゼルのハイライト　ベルンカステルのマルクト広場

町の名の由来となった「熊の泉」

カッコウ時計

黒い森のほぼ中心に、ショーナッハという小さい村がある。今では世界中の誰もが知っているカッコウ時計（ドイツ語ではクックックスウーア、日本では鳩時計という）が世界で初めて作られた村だ。周辺は自然が豊かで、夏や冬にバケーションを楽しむ場所としても知られている。

シュヴァルツヴァルト一帯からショーナッハへ
グリーンツーリズムにやってくる人々

黒い森のカッコウ時計は、1848年にショーナッハ村の住人であるアントン・シュナイダーが作り始めたのが最初である。この家族経営による事業は、今では6代目となった。時計工場は1952年から85年の間に7回の建て替えを行い、近代設備を整えて、今ではシュナイダー社の時計工場は黒い森の中で、最も近代的で大きな工場となった。

それにもかかわらず、シュナイダー社では、若い彫り師を育成することを重視し、人の手による価値の高いカッコウ時計作りが維持され、近年、その質はさらに向上している。

職人の国ドイツで、マイスターを育てる企業の例として、日本からも色々なメディアが取材に訪れている。

現在、シュナイダー社で働いている従業員のほとんどが、その技量を認められた、勤続20～40年のベテランで、従業員一人ひとりが質の高いカッコウ時計を作っている。そのため、人形や繊細な彫刻のあるカッコウ時計だけではなく、オルゴール・ダンス人形付きカッコウ時計においても、世界的にその高度な技術が認められている。シュナイダー社のカッコウ時計のサイズは19㎝から３００㎝まであり、色数が9色にも及ぶ３００種類以上のカッコウ時計を扱っている。

村には家が丸ごと時計となった世界最大のカッコウ時計があり、観光客の人気を集めている（**巻頭口絵13参照**）。

ドイツ最大の滝

前述した黒い森の山中にあるショーナッハ村のすぐ近くに、トリベルクという、これまた小さな村がある。ほとんどのガイドブックには紹介されていない。この町の見所は、ドイツ最大の滝。トリベルクの駅から南へ1.5㎞の所にドイツ一の規模を誇る１６３ｍの滝があり、多くの観

トリベルクの七段の滝

★20 七段の滝
日本でも秋田県の小坂町にある「七滝」や伊豆の「河津七滝」が有名である。

光客を集めている。ただし、この滝は落差の小さい緩やかな「七段の滝[★20]」が連続してこの長さになっており、一つの巨大な滝ではない。滝の音と小鳥のさえずりが心地よく、一帯は夏でもヒンヤリとしている。

酸性雨による大きな被害を受け、一時は禿げ山の感があった黒い森も、ようやく過去の姿を取り戻しつつある。年末には雪が積もった滝のまわりに、50万個ものイルミネーションが輝き、ライトアップされた滝は幻想的な雰囲気を作り上げる。

ちなみに、この滝を見るには入場料が必要であるが、施設はとてもよく整備されている。ただ非常に辛いのは、エレベーターなどはなく、行きが下りで帰りが登りであること。心して出かけよう。

マルクト広場

観光客がどこの町へ行っても立ち寄るのは、その中心にあるマルクト広場であろう。広場に面して必ずといっていいほどあるのは、行政の中心としての市庁舎と、市民の精神的なよりどころとしての教会である。それは、ほとんどの町がマルクト広場から発展していったこと

ローテンブルクのマルクト広場

を表している。広場には、そのほかにもレストランや土産物店、ホテルもある。教会が広場の中心にあることも珍しくなく、またどこでもたいてい噴水がある。噴水は元々、市民に飲料水を提供する井戸であった。

マルクトとはマーケット、すなわち市場を意味しており、平日には多くの出店が並び、大変な賑わいを見せている。近くの農家がその日に収穫した新鮮な野菜、花、卵などを売る（**巻頭口絵11参照**）。値段はスーパーよりもやや高いが、何より新鮮で、売り手とのコミニュケーションを楽しむのがドイツ人は好きなのである。広場にはインビス（軽食屋）も充実しており、夏にはオープンテラスのカフェも多くなり、よりいっそう賑やかになる。

マーケットを覗けば、その地方の特産品がよく分かり、たいへん勉強になる。

威風堂々とした姿のアウグスト強王

マイセン磁器が生んだ最高傑作

ドレスデン観光で見逃せない名所の一つに、ドレスデン王宮の壮麗な壁画「君主の行列」がある（巻頭口絵15参照）。高さ８m、長さ１０２mに及び、２万５０００枚のマイセン磁器のタイルで、その時代の衣装をまとった歴代の君主（大公、選帝侯、王など）35人の馬上の姿を描いてある。１３００℃で焼かれたタイルは、第二次世界大戦中の１９４５年の爆撃でも奇跡的に損壊を免れた。かのアウグスト強王[★21]は行列のほぼ真中に描かれており、彼の馬だけが両前足を高く揚げ、いかにも威風堂々とした姿で、その後ろに気弱そうなアウグスト2世を従えている。行列の最後には子どもたちも混ざる庶民の群れが描かれ、さらにその最後尾には、この絵を描いたウイルヘルム・ヴァルターがいるのも愉快である。

ペルケオ

ハイデルベルク城の名物の一つに、ワイン大樽がある。この樽の横に一人の小さな道化師が立っている。知らなければ通り過ぎてしまいそうな彫像だが、彼は宮廷の道化師で、名をペルケオといい、この巨大なワイン樽の番人である。イタリア出身でワインが大好き、一日18本ものワインを一人で飲んでいたというくらいの大変な酒豪だ。

道化師ペルケオ

★21 アウグスト強王（1670～1733）
ポーランド・リトアニア共和国の国王。ザクセン先帝侯としてはフリードリヒ・アウグスト１世と言う。驚異的な怪力であったことから強王、強健王、あるいは鉄腕王などとも呼ばれた。

「吹けば飛ぶような小男のくせに、飲みっぷりは大男そこのけ」と詩人シュッフェルが彼を評している。ペルケオはまた、人をからかったり、仕掛けで婦人たちを驚かせ、失神した婦人を介抱するのが楽しみだったという。その仕掛けは今でも彼の左横に取り付けてある。

彼はブドウが不作の年、友人がワインだと持ってきた水を飲まされ、それにあたって死んでしまった。彼にとってはワインが日常の飲み物であり、水というものを飲んだことがなかったのかもしれない。後に酒の神様として崇められるようになり、今でもハイデルベルク城の大樽を見守っている。

もじゃもじゃペーター Struwwel-Peter その1

フランクフルトの町を目的もなくぶらぶらと散歩をしていたら、ハウプトヴァッへ広場で面白いブロンズの噴水に出合った。人やら動物やらが像となっており、明らかに物語を表現していることがわかる（**巻頭口絵12参照**）。

私にはこれが何を題材としたものか分からなかったがいつものように写真だけ撮っておい

『もじゃもじゃペーター』の表紙

★22 ペーター
初代ローマ教皇ペトロにちなんだヨーロッパの男性名。
ピーター（英語）、ピエール（フランス語）、ピエトロ（イタリア語）、ペドロ（スペイン語、ポルトガル語）、ピョートル（ロシア語）。

た。フランクフルトといえば、レーマーベルク広場にある「正義の噴水」の方がはるかに有名であるが、私には全く興味がない。

さて、日本に帰ってからの調査で、これが『もじゃもじゃペーター』[★22]という子ども向けの古い童話を題材にしていることが判明した。この絵本は、１８４５年にドイツの精神科医師であるハインリッヒ・ホフマンがわが子のために作った明解な教訓本である。出版後まもなくヨーロッパ中で読まれ、現在までに１００以上の言語に翻訳されている。その物語は、本書の１７５ページに書いたので、お読みいただきたい。

穿入蛇行《せんにゅうだこう》

平野部の河川のように、洪水の度に流路を変えるような、くねくねと曲がっている河川の流れを自由蛇行という。それに対して穿入蛇行とは、山地に形成された谷の中を河川が曲流することである。穿入蛇行は、かつて平野上を自由蛇行していた河川が、地盤の隆起または海面低下のために

大きく曲流するモーゼル川

侵食基準面が低下し、蛇行流路に沿って基盤岩を深く掘り込んだために生じたと考えられている。日本では四万十《しまんと》川や大井川の中流などで、山地や丘陵地に発達する。

ヨーロッパの代表例がモーゼル川である。川の両側には山地がせまっており、沖積平野で蛇行河川が発達する氾濫原は見られない。だから自然堤防やその背後にある後背湿地も形成されない。この両側の傾斜面のうち、特に南向き斜面では、太陽が傾いても大きい照射角が保たれるため、日照時間が長くなり、さらに日没後も河川水からの放射熱によって気温の急激な低下を免れるため、ブドウ栽培に絶好の自然条件となる。

モーゼル地方を旅行するなら、ブドウ畑の高台へ登って、蛇行するモーゼル川を眺めるのもまた楽しみの一つである。

ドイチェス・エック

コブレンツにあるライン川とその支流のモーゼル川との合流点を、ドイチェス・エック（ドイツの角）と呼ぶ。両方の河川水は流域の土壌成分の違いのために色が異なり、

カイザー・ヴィルヘルム１世の像から眺めるドイチェス・エック

合流後も20㎞にわたって色が分かれたまま流れている。

近代以前は水運、特に河川が重要な交通手段であったために、河川の合流点は交通の結節点として集落が発達し、中にはコブレンツのように現在の都市に発展した例も多い。コブレンツの名は古代ローマの砦、カストルム・アド・コンフルエンテス（「合流点の砦」の意）に由来している。

ドイチェス・エックを眺めるには、エックの広場にあるカイザー・ヴィルヘルム1世の像に上るか、ライン川の右岸にあるエーレンブライトシュタイン要塞からが最高である。

ローレライの7人姉妹の伝説

ライン河畔の街オーバーヴェーゼルにあるシェーンブルク城の城主には、とても美しい7人の娘がいた。彼女たちは、自分にプロポーズした男性をいかにしてもて遊んだか、その自慢をするのが楽しみだった。

あるとき、琴の名手ヴァルダーという騎士が、娘の一人アーデルグンテに恋をした。彼は他の男たちより長く付き合っ

伝説が残るローレライの岩山

たが、やはり他の男たちと同じように捨てられてしまった。絶望した彼は思いのあまりライン川に身を投げた。ところが、このライン川の地下には妖精の王国があり、そこには川に身を投げた者たちが眠っていた。妖精の国の女王はヴァルダーを哀れみ、シェーンブルクの7人の娘をローレライの岩まで誘い出して、「自分たち以外愛することを知らない石のような心の娘たち、おまえたちの心のような岩になってしまえ」と、7人の娘たちを岩にしてしまった。その後、岩にされてしまった娘たちは、ここを通りすぎようとする船乗りたちに美しい歌声を聞かせ、渦中に引きずり込むようになったという。

一般的に知られているローレライの伝説は、不実な恋人に絶望してライン川に身を投げた乙女が、水の精となって漁師を誘惑し、岩山を通りかかった船を次々と遭難させていったという物語である。

ローレライの岩は、水面から130ｍほど突き出た岩山で、かつてこのあたりのライン川は幅が狭く、人工的にも砕くことのできない固い岩礁がいくつもあったため、遭難する船が多かったという。その後、土木技術の向上に伴って岩礁は取り除かれ、川も拡幅されて、今では巨大な貿易船や遊覧船が往き来している。

ローレライの名前は、周りの岸壁からの反響から、古代ドイツ語の「lureln（囁く）」と「ley（岩）」に由来しているという。ハインリッヒ・ハイネ★23の詩「何がそうさせるのかはわからないが」がこの岩を有名にした。

ローレライはヨーロッパの三大ガッカリ名所の一つとされているが、今時この岩の姿も知らずに初めて訪れる観光客も少ないだろう。

★23 ハインリッヒ・ハイネ（1797〜1856）
デュッセルドルフのユダヤ人家庭の出身。ベルリン大学でヘーゲルの教えを受けて作家デビュー。彼の詩は多くの作曲家によって曲がつけられ、今も歌い継がれている。

レジデンツの正面広場にあるフランコニア噴水

ヨーロッパで最も美しい司教宮殿

ヴュルツブルクはフランケン地方の中心都市で、ロマンチック街道の北の起点となっている。日本にもゆかりのある町で、長崎の出島で活躍した医師シーボルトはこの町に生まれ、医学を学んだ後、鎖国時代の日本に赴任した。

このヴュルツブルクにあるレジデンツは「宮殿中の宮殿」と言われ、かのナポレオンが「ヨーロッパで最も美しい司教宮殿」と賞賛したと言われている。バロック建築様式を代表するヨーロッパでも屈指の宮殿であり、バルタザール・ノイマン★24の設計により、１７２０年から24年かかって建てられた。１９８１年、庭園と宮殿前広場を含む「ヴュルツブルク司教館、その庭園群と広場」として世界文化遺産に登録された。

レジデンツ内には多数の部屋があるが、その中でも特に有名なのが、庭園の間、階段の間、白の間、皇帝の間の4室である。

庭園の間には、１７４９年にアントニオ・ボッシが作成した漆喰、その翌年にヨハン・ツィックによって描かれた「神々の食膳」、「ディアナの休息」の天井画がある。

階段の間はヨーロッパの建築史上、希《まれ》に見る壮大かつ洗練さ

★24 バルタザール・ノイマン（1687〜1753）
バロック及びロココの建築家。特に階段室や礼拝堂など巨大インテリアの創作に優れた。

れた空間である。レジデンツでもっとも有名な部屋であり、ノイマンの最高傑作と言われている。ここには、イタリアの画家ティエポロ★25が描いた、世界で一番大きいフレスコ天井一枚画があり、地球の四大陸の人々が大司教を祝福する様子が描かれている。

白の間はその名の通り、白一色の部屋である。これは次の皇帝の間が色彩豊かであるため、あえて白一色にし、視覚効果を計算しているのだという。

皇帝の間はひときわ豪華な部屋で、華麗な金細工がふんだんにあしらわれている。ここのフレスコ画もティエポロが描いたもので、南側には1156年に行われた皇帝フリードリッヒとベアトリクスの結婚式の様子が描かれている。ちなみにレジデンツ内は一切写真撮影禁止である。

レジデンツの地下にはこれまた巨大なワインセラーがある。直径が5.5mもある巨大なワイン樽は、5万リットルのワインが入る。

外へ出ると正面の広場にはフランコニア噴水がある。噴水の中心には女神フランコニアが手にヴュルツブルクの市旗を持ち、その周りには3人のヴュルツブルクゆかりの人たちの像がある。3人とはヴュルツブルク市長を務めた彫刻家リーメンシュナイダー、画家グリューネヴァルト、宮廷恋愛歌人フォーゲルワイデである。

ハルデンブルクの廃墟

★25 ティエポロ（1696〜1770）
ルネサンス最後期のイタリアの画家。天井に描くフレスコ画の名手。

美しい城もよいが、廃墟も立派な観光地となることもある。その一つの例が本書でも紹介しているワインの大樽で有名なバート・デュルクハイムとカイザースラウテルンを結ぶ街道の山の斜面にある。城の名はハルデンブルク。城の歴史は１２０６年に始まるというから、８００年以上の歳月が流れている。

丸井戸を囲んだ城の中庭

ブルク★26とは軍事機能を持つ城のことで、領主の館でもあった。ドイツでは12世紀ごろ、山の頂上や出っ張りの部分に本格的な山城が登場するようになる。ローマ帝国の国境を監視する見張り塔を「Burgi」と呼んでいたことから、ドイツ語の「Burg」という言葉ができた。ブルクの当初の目的は、領主が街道をコントロールしたり、境界を守備することであったが、日本の山城と同じように、構造上は攻撃よりも守備を主体として建てられている。

さて、現在のハルデンブルクの廃墟の様子であるが、できればここも夏に訪れたい。城内には堅固な城郭の主要部分や円塔の一部が残り、迷路のようになっていてけっこう楽しめる。観光ルートから完全に外れているため、ツアー客がほとんど来ないというのもうれしい。丸井戸を囲んだ城の中庭は芝生に覆われていて、軽スポーツを楽しむこともできる。廃墟ではあるが、入場料はしっかり徴収されるので念のため。

★26 ブルク
例としてアウグスブルク＝ローマ皇帝アウグストゥスの城の意味がある。ちなみに ―berg は「～の山」、―bruck は「～の橋」という意味。

ハイデルベルクのじじ猿

ブリュッケン・アッフェ

ハイデルベルクのネッカー川[★27]にかかるカール・テオドール橋の町側のたもとに、かなり変わった雄猿の像「ブリュッケン・アッフェ（橋の猿）」がある。一見すると猿には見えないが、その後ろに回って尻を見ると、はっきりとそれが分かる。

1977年にアルト・ハイデルベルク協会が町を美しくすることをコンセプトに芸術作品を募ったところ、ファルツ地方の芸術家であり、教授でもあるゲルノート・ルンプフ氏の作品が選ばれた。ルンプフ氏が作った猿は川に尻を向け、手には鏡を持っているという異様な姿。この猿が今やハイデルベルクの名所となっている。この作品にはどのような意図があるのか調べてみると。微妙に違ったさまざまな解釈が飛び交っている。新しい物だからいろいろな解釈ができるためである。

【解釈1】

「自分はこんなかっこうをしているけど、この鏡を見てみろよ。あんたたちも同じだろう」。という意味で訪れる人たちに鏡を差し向けている。この鏡を見ると、邪心の有無が映しだされるというもの。

★27 ネッカー川
シュヴァルツヴァルトに源を発し、マンハイムでライン川に合流する。全長367㎞。

WAS THUSTU MICH HIE ANGAFFEN? HASTU NICHT GESEHEN DEN ALTEN AFFEN ZU HEYDELBERG / SICH DICH HIN UNND HER DA FINDESTU WOL MEINES GLEICHEN MEHR.	なんで馬鹿面さげて俺様を まじまじと見つめてんだい？ ハイデルベルクのじじ猿を 見たことないっていうなら お前自身の身の上を あちこちながめてごらん。 俺様みたいなやつを ごまんと見つけられるだろうよ。

【解釈２】

「猿だと言って笑うけれど、お前だってこの中に入って鏡を見たら猿じゃねぇか」。猿の頭は空洞になっていて、頭をこの中に入れて鏡で自分の顔を見ろ、というもの。

【解釈３】

「人を笑う前に、己の醜さを知れ」という戒めを表している。これは作者が猿顔でからかわれたのに腹を立てて作った作品であり、偽善者の姿を写す皮肉とも言われている。

【解釈４】

「人間の真実の姿を見よ！」という哲学的な示唆。

このほかにも猿が持つ鏡に触るとお金持ちになるという説や、この猿に触るとまた訪れることができるというような、どこにでもあるありふれた新説まである。よく見ると猿の脇に、猿の口上を書いた「ブロンズ製の紙（プレート）」があり、そこには上記のことが書かれている。

なお、口上プレートの横に小さなネズミの像があるが、この意味はさすがにわからない。

路傍のキリスト像

ドイツ南西部の田舎へ行くと、畑の隅や村落の路傍にキリスト像やマリア像をよく見かける。この地方には圧倒的にカトリック教徒が多く、村人たちは農作業の合間や通りがけに、道端に立つキリストの十字架へ短い祈りを捧げている。

また、路傍や辻に立つキリスト像は、日本の道祖神と同じように魔除けとされており、家の門にも見かけることがある。

ドイツ南西部とライン川を挟んで国境を接するフランスのアルザス地方でも、ブドウ畑には必ずといっていいほどキリスト像が建てられている。ブドウが神からの恵みであること、あるいはワインをキリストの血とするカトリックの教義か、または厳しい自然に対する神からの加護を願ってのものであろう。

私は地元で石像物の研究をしているので、このような景色にも親しみを感じる。昔から農村で生活をする人々の信仰心は、日本もドイツも同じである。

路傍に立つキリスト像

ドイツ的なアルザスの町並み（ストラスブール）

アルザスのこと

ライン川の一部はフランスと国境を接しているため、本書においても外せないフランスの一地域がある。そこはアルザスである。アルザスは、ローマ時代よりヨーロッパの南北を結ぶ街道と東西を結ぶ街道の十字路として栄えてきた。

アルザスというと「最後の授業」[★28]を思い出すだろう。この話に代表されるように、アルザス地方は戦争のたびにフランス領になったりドイツ領になったりした。そのためさまざまな分野でドイツ文化の影響を色濃く残す特異な地域となっている。

地理的にはシャンパーニュ地方と同じくらい北に位置しているが、気候はかなり温暖である。西にあるヴォージュ山脈が風を遮り、乾燥した半大陸性の気候をもたらしているからだ。

この地域で生産されるワインは、そのボトル・ラベル表示・ブドウ品種など、すべてがドイツ調で、特にリースリング種のワインはアルザスでも王様と呼ばれるほどの高級品種となっている。後にも述べるが、ドイツと大きく異なるのは

★28「最後の授業」
1813年に出版されたアルフォンス・ドーデの短編小説集『月曜物語』の一編。普仏戦争で敗れ、プロイセン王国の支配下になるアルザスで最後の授業を行う国語教師アメルと子どもたちの話。

ワイングラスの形態である。ドイツでは脚が太くて、ずんぐりむっくりしたレーマーグラスがよく使われるが、アルザスでは脚が細くて長いスマートなグラスが使われる。

ドイツでもソーセージの付け合わせとしておなじみの酢漬けのキャベツ「シュークルート」をはじめ、フォアグラ（アルザスはフランス随一のフォアグラの名産地である）を使ったアルザス料理も忘れられない。

ドイツ語圏で古くから伝わる菓子に「クグロフ」がある**（巻頭口絵14参照）**。クグロフは地方によって生地が異なるが、大きく分けてバターケーキタイプと発酵させたパンタイプがある。アルザスではパンタイプが主流であり、リッチなブリオッシュ生地にレーズンを入れて焼きあげる。特に陶器で焼くと熱がじんわりと伝わるため、ふっくら焼きあがる。アルザスでは、美しい模様を描いたクグロフ型陶器が土産物としても有名である。

また、アルザスには「フラムクーヘン」（アルザス風ピッツァ）がある。パン生地にスライス玉ネギ、ベーコン、チーズを載せて釜で焼くシンプルな一品で、トマトソースではなく、クリームとフロマージュブランを混ぜたホワイトソースで味付けするのが特徴だ。

シュノーア地区にある土産物店の前の愉快な音楽隊の像

ブレーメンのシュノーア地区

ブレーメンの市街地の南部にこの地域で最も古い町並みが残るシュノーア（ひも）地区がある（**巻頭口絵20参照**）。路地や中庭に通じる曲がりくねった迷路のような細い道が、「ひも」のように入り組んでいる。古くは漁師町だったが、20世紀の初めにはスラム化し、取り壊される危機にあったがそれを乗り越え、現在では活気に満ちた芸術家好みの地区となっている。

整備された街には、赤いとんがり屋根の小さな家が並んでいる。骨董品、陶器、彫金の店の他、カフェやレストランなどが軒を連ね、それぞれに凝った外観は歩いているだけでも十分に楽しめる。

私はアンティークショップに立ち寄り、お気に入りのレーマーグラスを2脚購入した。

ドイツのベニス

エムデンは、オランダ国境に近いエムス川河口に位置する何の特徴もない小さな港湾都市である。地元ではドイツのベニスと呼んでいる。19世紀末、ドルトムント＝エムズ運河が開通したことでルール地方★29の外港になり、1970年代まで続いた。第二次世界大戦では連合国軍の空襲を受け、町のほぼ全ての歴史的建造物が破壊された。

エムデンでは約450年間にわたってニシン漁が行われていたが、1969年から76年までの間、ニシン漁獲が制限されたため、多くの漁師が失業した。1989年から、毎年5月には、かつて盛んだったニシン漁を活性化するために「マチェス・ターゲ」（塩浸けニシンの祭り）が開催されている。

また、この町はドイツでは知らない人のない有名なコメディアン、オットー・ヴァールケスの故郷としても知られている。ドイツでは1980～90年代にかけて幾多のコメディアンがコメディー映画界進出を試みたが、オットーほど成功した人はいない。その代表作『オットー、デァ・フィルム』には彼のギャグのすべてが織り込まれており、900万人の観客を動員した。

★29 ルール地方
ルール炭田を背景に、重工業地帯として発展し、ドイツ経済・産業をリードしてきた地方。

エムデン港

オットー・ヴァールケス

ミュンスターのキーペンカール

ミュンスターの歴史は古く、８世紀後半のカール大帝の時代に起源を発している。１６４８年、ドイツ全土を荒廃させた３０年戦争を終結させたヴェストファーレン条約がこの地で結ばれるなど、歴史上でも有名な町である。優れたバロック建築の建物が多く残ることから「バロックの島」とも呼ばれている。

中世にはハンザ同盟に加盟する商人の町として栄え、旧市街地は当時の面影をよく残している。広場や通りに面して建つかつての商人の館は、正面が色とりどりの破風で飾られた切妻造りとなっていて壮観である。

旧市街地にある小広場の中央に、意識しなければ通り過ぎてしまいそうな銅像がある。これはキーペンカールとよばれるミュンスター地方の典型的な籠を背負った行商人の姿だ。

キーペンカールはかつて青い短めの作業着に赤いスカーフ、帽子にストック、パイプをくわえて、田舎から街へと商品や情報を運んだ。商人の町であったことを伝えるミュンスターにとって大切な銅像である。

キーペンカール

第二部　ワイン編

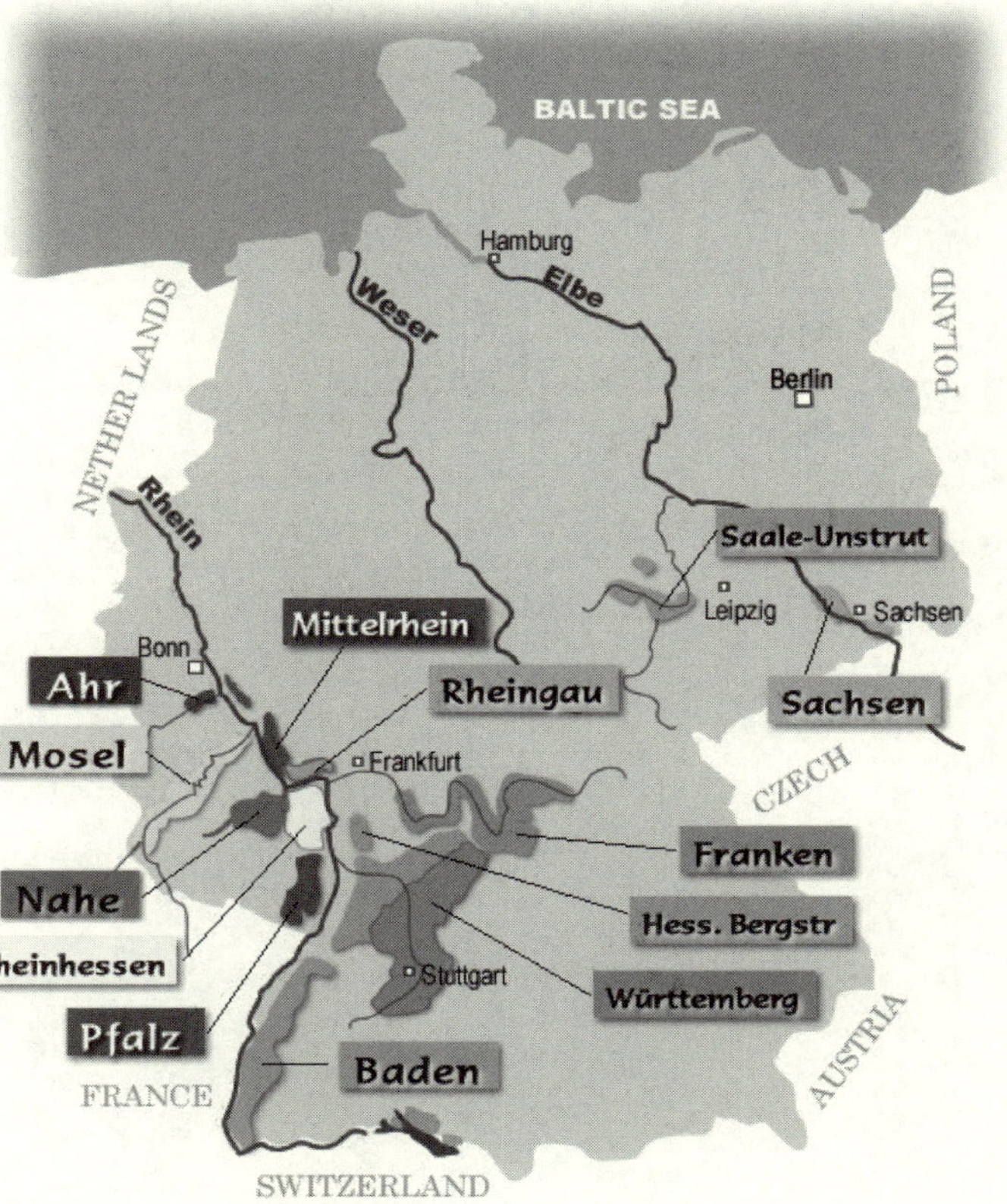

http://www.germany-wine-jiten.com/

ドイツワイン小考

本書はワインの専門書ではないから、ブドウの種類や栽培のノウハウ、あるいはワインの格付けなどの専門的な分野については言及しない。私はドイツワインのエチケット（ラベル）をコレクションしており、その数はすでに千枚以上に及んでいるが、いずれドイツワインの専門書を出版できる機会に恵まれれば、それらを公開できる日もあろうかと思う。

「和食には白ワインが合う」というのは皆さまもご存じのことだろう。だから昭和の時代にはフランスやイタリアのワインよりも、ドイツの白ワインの方が人気があった。ドイツの白ワインと和食との相性のよさは、様々な雑誌に紹介されており、失敗の少ない組み合わせ方として人気がある。ところが、平成になって赤ワインブームが起こり、フランスワインの販促戦略もあって、日本におけるドイツワインの地位は相対的に低下してしまった。

和食は醤油や味噌など、個性の強い調味料を使うこともあり、全ての料理に相性の良いワインを見つけるのは難しいが、やや甘口の軽いワインを選ぶと料理と料理の間を上手につないでくれる。味噌焼きや煮物など、砂糖を使った甘みのある料理にも、またさっぱりとしたお浸しや塩焼きの魚にも、口当たりまろやかなドイツの白ワインは相性抜群である。キリッとした辛口のワインでは、料理の甘みを引き出し過ぎてしまい、味のバランスが崩れてしまう。私が懇意にしている酒屋のご主人曰く、「その辺の人たちでワインの味が本当にわかる人なんてめったにいませんよ。あたかも味がわかるようなふりをして辛口ワインを飲んでいるんです」。私もそれが事実だと思う。辛口ワインなど、よほど高額なものでないと味など楽しむことはできない。ワインにソムリエが必要なのはそのためである。

近頃のドイツではフランスの戦略に流され、辛口指向に転じる醸造所が増えてきたが、好ましい傾向ではない。辛口で勝負に出たら、気候的に優れるラテン諸国に勝つことは永遠に不可能である。ドイツにはドイツでしか造れない、フレッシュでフルーティーな、そして甘くてすっきりとした酸味のあるワインを造り続けるべきである。何年か前、私の住む山梨県の、とあるワイナリーがドイツのラインガウで甲州種の栽培に成功したというニュースを聞いた。期待して購入しようとしたら、何と、できたワインは辛口であるという。それを聞いて私は一気に意気消沈してしまった。それでは最初からフランスやイタリアで試作した方がよかったのに、と思ったのは私だけではないはずである。ドイツの、しかもワイン造りの超一等地で、辛口ワインを造ってどうしようというのだろう。まったく理解ができない。

一方、ビールは銘柄が少なく（近年登場した地ビールは本来の銘柄とは異なる）、地理教員の私にとっては面白みがない。日本酒は長い歴史の中で地域に密着しており、その銘柄は数え切れないほど豊富である。だから飲んでいて楽しめる。ドイツでも同じことが言える。ビールにはいくつかの種類と地域性があるが、銘柄に乏しい。一方、ローマ時代から続くワイン醸造は地域色を色濃く反映し、細分化された無数の畑から無数の銘柄を生み出してきたのである。つまり、大麦畑には名前も物語もないが、ブドウ畑には名前も物語もきちんとある。それが文化の違いというものだ。

ドイツワインのエチケットには、生産された村名、畑名、ブドウ品種名、格付けが必ず記載されている。これがラテン諸国のワインとの大きな違いだ。ドイツワインをいただく楽しみは、そのワインの生まれ育った土地の歴史と物語に思いを馳せることである。ただアルコールが入っていて酔えればいい、という人たちには無縁の世界なのだ。

楽しいエチケット

私はドイツワインのエチケットを収集しているが、これまでに集めた中でもっともユニークなものを紹介する。

最近はワインの醸造技術や品質管理はもちろんのこと、こうしたエチケットの絵柄をデザインするマネジメントの開発も各醸造所で行われているが、名門の醸造所では頑なに伝統のデザインを墨守しているところも少なくない。

紹介するのは「裸のおしり」で有名なモーゼルのクレーフにある名醸、シュタッフェルター・ホフ醸造所のオオカミをデザインしたエチケットである（**巻頭口絵21参照**）。この醸造所はローマ時代の864年の創業で、その建物は領主の館を想わせるような立派な造りで荘厳である。

かつてこの地方では、畑の開墾やブドウ収穫にオオカミを使役していた。そのオオカミを擬人化したデザインが何ともユニークである。

シュタッフェルター・ホフ醸造所

ワイン街道のシュバイゲンで購入した赤白ペアワインの愉快なラベル

ワイン街道

江戸時代に整備された日本の「五街道」は、現在ほんの一部がその原形をとどめている程度で、大部分は国道に様変わりしてしまい、観光の対象としての存在感は希薄になってしまった。一方、ドイツの五街道、「ロマンチック街道」「ファンタスティック街道」「メルヘン街道」「古城街道」「ワイン街道」はいずれも自然と建築物の景観に優れ、観光地としての役割を立派に果たしている。このうち、ワイン街道はガイドブックでもあまり紹介されていない。この街道沿いに特筆するような観光都市がないのも知名度が低い理由の一つであろう。ツアーの場合、飲酒をしない人がいるため、コースに入ることはほとんどない。しかし、ワイン好きにはたまらない街道である。

ワイン街道はラインラント＝プファルツ州にあり、北端のボッケンハイムから南端のシュバイゲンまで約85㎞にわたって続いている。街道沿いには約30のワイン村が点在しており、各村には醸造所やワインショップ、居酒屋が軒を連ねている。ワインを愛する人ならば、これらの街をのんびり見て歩くだけでも充分楽しめる。

フランスの北東端に位置するアルザス地方に隣接しているため気候は温暖で、ワインも辛口が主流となる。比較的大きな町で観光客も多いのは、世界一大きなワイン樽があることで知られているバート・デュルクハイムである。この樽には170万リットルものワインを入れることができるが、今は空にしてレストランとして使っている（**巻頭口絵16参照**）。

私が個人的に最も好きな村は南端のシュバイゲンである。ここにはフランスとの国境の目印となる

広大なブドウ畑が一望できるテラスで地元産ワインを楽しむ

お洒落なワイン門がある（**巻頭口絵22参照**）。もちろん上ることもでき、そこからブドウ畑が一望できる。ここに来たなら斜面に広がるブドウ畑（ドイツ側からフランスを見て右側）を散策してほしい。見事な畑の飾り付けに感心すること間違いなしである。また、ワイン門の横にあるレストランはオススメで、一面緑の広大なブドウ畑を目の前にして、さわやかなワインをいただくことができる。もし食事をとるとしたらプファルツ地方の郷土料理ザウマーゲンが一推しだ。この料理はいろいろなもの（主として豚肉・焼きソーセージ・ジャガイモ）を挽き肉機にかけて、豚の胃袋に詰めたもので、輪切りにしていただく。ドイツ料理ではパン・フィッシュ（魚のフライパン料理）と並んで数少ない私の好物の一つである。

ドイツの泉

ヨーロッパでは、市民に上水を供給するという実用目的と、町の美観を良くするという装飾目的を兼ねて、町中に人工的な泉を造ることがギリシア時代から行われていた。特にドイツではほとんどの町に泉があり、マルクト広場のそれは町の象徴でもある。泉の彫刻には、その都市の重要な歴史的事件を記念したものもある（ベルギー北部の都市アントワープのマルクト広場にあるブラボーの噴水が好例）。

中世都市もこの伝統を受け継いだ。しかし、中世都市の上水道はローマ時代とは比べものにならないほど小さなもので、近くの泉から町の中心まで清水を引いてくる程度だった。それでも自宅に井戸のない庶民にとっては不可欠の生活用水であり、旅人や馬にとってもありがたい飲み水であった。

「聖ゲオルクの泉」（ローデンブルク）

ローテンブルクのマルクト広場にある「聖ゲオルクの泉」はその典型であり、泉が生活用水であることを物語る可動性の樋《とい》が現在でも残っている。泉の真ん中にある石柱の上に、大地を荒らし農作業を邪魔する竜を退治する

「ひき蛙の泉」（オッペンハイム）

聖ゲオルクの騎士像が飾られている。ちなみにこの井戸に水が引かれたのは１４４６年である。

ローテンブルクでは町のいたる所に泉がある。それは、この町が高いところに位置するため、給水用の井戸設備は特に重要で、水を引くのに困難を極めたからである。また、敵に包囲された際に水路を経たれたり、毒を入れられたりすることのないように水路網は極秘にされていた。

ワインの産地であれば、泉はワインにまつわる伝説をモチーフにしたものが多い。私のようにドイツワインにのめり込んでしまった人間にとって、ワイン産地の泉を見て回るのは旅の楽しみの一つでもある。まだ、ドイツワインを飲み始めたばかりでそれほどの知識もなかったころ、日本で最も有名なドイツワイン、そう「黒猫」の産地ツェルへ行くのが最優先の課題だった。モーゼル河畔の道と並行に、もう一段高い位置を通る道が町の中心道路である。レストランやホテルの看板に飾られたさまざまな黒猫を左右に見ながら、通りの中央に来た。はじめての「黒猫の泉」とのご対面である（95ページ参照）。

ドイツワインには「○○の泉」という銘柄がいくつかある。中でも特に有名なのは「ひき蛙の泉（クレーテン・ブルンネン）」と「境界の泉（マルコブルンン）」**（巻頭口絵23参照）**。前者はオッペンハイム村のブドウ畑の丘の中腹に、後者はエルバッハ村のブドウ畑を貫通する道路際にあり、双方ともそれを目当てに行かないかぎり、ほとんど人目に触れることはないし、それが何であるかということにも気付かない。特にひき蛙の泉は広大なブドウ畑の中に隠れているため、場所を教えてもらってもなかなか見つからない。しかし、「特殊な旅人」にとってはそういった普通の観光客の行かない場所こそが、あこがれの場所であったりする。

ちなみにオッペンハイム村の町中の道路にも「ひき蛙の泉」はあるが、観光用のものでオリジナルではないから要注意。

北緯50度の話

北緯50度は、高校の地理の授業ではヨーロッパにおける「ブドウ栽培の北限」と教える。しかし、実際にドイツのブドウ栽培地を見たとき、このことはまったく当てはまらないことが分かる。むしろ北緯50度地点こそドイツにおけるブドウ栽培の最適地であり、ドイツで最も良質のワインが造られている地域と言える。北緯50度線は、高級ドイツワインの二大産地であるモーゼルとラインガウを横断しており、そのブドウ品種であるリースリングはこの地が原産地でもある。したがって北緯50度より北にもワイン産地はたくさんある。

「シュペートレーゼ」発祥の物語に因んだ像

また、イギリスの国土はほぼすべてが北緯50度より北にある。したがってイギリスではブドウ栽培は行われていないとされているが、実際にはかなり広大なブドウ畑があり、ワインも生産されている。

この北緯50度線。日本ではいったいどのあたりを横切っているのか。実は日本を横断していない。北緯50度線が横断しているのは樺太のほぼ中央（日本とロシアの旧国境線）なのである。いかに大陸の西岸と東岸で気候が異なるかが、これでよくわかる。イギリスはカムチャツカ半島とほぼ同緯度帯に位置しているのである。

ドイツでは北緯50度が、エーベルバッハ修道院とともにラインガウワインの双璧といわれているヨハニスベルク城下のブドウ畑の中を通っており、そこにはドイツワイン通であれば誰でも知っている北緯50度の標識がある（**巻頭口絵17参照**）。ここはまたドイツワインの中で最も人気のあるランク「シュペートレーゼ」発祥の地でもある。スイスのバーゼルから平野部を北流していたライン川は、ここで山地にぶつかりしばらくの間西流する。そのため山地は南向き斜面に恵まれ、ブドウが成熟するのに絶好の条件を満たしている。この南向き斜面のブドウ産地がラインガウなのである。ラインガウを過ぎるとライン川は再び北流するが、今度は山地の谷間を流れるようになる。ここからワイン産地はミッテルライン地区に入る。山の斜面に広がるブドウ畑は、川から反射してくる太陽光と日中暖められた河川水からの放射熱を充分に受けることができ、これまた上質のワインを産する。とどのつまり、ドイツにおける北緯50度は、ブドウ栽培の北限ではなく、中心地かつ最適地なのだ。

レーマーグラス

ドイツワインは、何と言ってもドイツの伝統的なワイングラスでいただきたいものである。これがドイツ人のこだわりであり、私のこだわりでもある。

ドイツの伝統的なワイングラスはレーマーグラス（Roemer glass）といい、大きくて重心の低い独特の形をしている。ステム（脚）の部分がずんぐりしていて、スカートのように広がり、中空になっているのが特徴である。ステムの色は緑色が多いが黄金色もある。

レーマーとはこのグラスを作った人の名前であるとか、ド

アンティークレーマーグラス

アルザス地方のワイングラス

イツにブドウをもたらしたローマ人に由来するなど、さまざまな説がある。町中のレストランでは普通のグラスを使っていることが多いが、居酒屋ではレーマーグラスを使っているのがほとんどである。

一方、ライン川を挟んだお隣のアルザス地方はフランス領であるが、ドイツとの共通点がいたるところに見られる。ワインに関してもドイツとの共通点は非常に多い。スリムで緑色をしたボトルはモーゼルとそっくりであるし、ラベルにブドウの品種名を入れるのも共通している。そしてその品種もドイツと同じくリースリングが主流である。しかし、一点だけ大きく異なるのがグラス。ステムの色こそ緑で同じであるが、そのステムの形はあたかもドイツに対抗するかの如く、長くて細い。お洒落な形ではあるが、ワインを入れてグラスをまわしたら、間違いなくこぼしそうである。現地のレストランでは、このワイングラスにたっぷりとワインを注いでくれる。

エーベルバッハ修道院（現州立醸造所）

２つのエーベルバッハ

エーベルバッハは「イノシシの川」という意味の町で、ラインガウのワイン生産地ハッテンハイムにある一区域とハイデルベルクの東に位置する町の２つがある。

ハッテンハイムの谷口には、ドイツで最も伝統あるワイン醸造所クロスター・エーベルバッハがある。１１３５年に創設されたエーベルバッハ修道院のブドウ園が始まりで、現在は州立醸造所になっている。

この地に次のような伝説が残っている。フランスのブルゴーニュにあるクロ・ド・ヴージョの大司教クララヴォーは、ライン河畔に修道院の建設地を探して旅をしていた。そして今のハッテンハイムにさしかかったとき、どこからともなく一頭のイノシシが現れて突然鼻を地面にこすりつけ、小川を飛び越えて森の中に消えた。クララヴォーはこれこそ神の啓示であると考え、この地をエーベルバッハと名付けて、修道院を建設した。クロ・ド・ヴージョのブドウ畑は、クロ（石の塀）に囲まれていたから、この地にも同じように石の塀を造ってリースリングを栽培した。そこでできたワインを「シユタインベルガー（石の山）」という（巻頭口絵19参照）。特に石の塀に沿って植えられたブドウは、夜間でも塀の貯熱で暖められるため、高い熟成度を得ることができ、そのブドウで醸造されたシュタインベルガーは特に「壁（マウアー）ワイン」と呼ばれ、本数が少ないために競売にかけられる。

修道院の紋章には川を渡るイノシシが教会を背負って描かれ、口に喰わえた一房のブドウはキリストを象徴している。現在、この修道院はヘッセン州立ワイン醸造所が所有しているが、ゴシックとロマネスクが一体となった歴史的にも貴重な建造物となっている。修道院が所有するリースリング種のブドウ畑はすべて最高級の畑である。

一方、ハイデルベルクから、ネッカー川に沿って列車に乗ること30分の地に、もう一つのエーベルバッハの町がある。町のシンボルはもちろんイノシシ。町の紋章をはじめ、いたるところにイノシシをモチーフにした像がある（巻頭口絵18参照）。

カルトホイザーホフ醸造所

モーゼル河畔のアイテルスバッハ村（現在はトリアーの一部に編入）にモーゼルの銘醸中の銘醸として名高いカルトホイザーホフ醸造所がある。１２２３年、まだこの地がイーゼルスバッハと呼ばれていたころからワイン造りが行われていた。カルトホイザーホフの名は、１３３５年にルクセンブルクの選帝侯からこの醸造所を贈られたシャルトルーズ（カルトゥジア）会修道士に因んでいる。１８１１年に、ラウテンシュトラウフ家が競売会で醸造所を含む資産を落札したことから世俗化した。

ご当主のクリストフ・ティレル氏と（２００７年）

　この醸造所で造られるワイン「カルトホイザーホフベルク」のボトルにはメインラベルがない。というよりも、ボトルネックに貼られた小さなセカンドラベルに醸造所の歴史が凝縮されている。この独特なラベルは、「ブラジャーラベル」と呼ばれ、そのデザインは意匠登録され、今や世界的にも有名である。ラベルの真ん中にはシャルトルーズ派の象徴である尾長ザル、アイテルスバッハの守護聖人として敬慕される聖カトリーヌを表現する車輪とイニシャルの「C」が、それに先の選帝侯の象徴である

カルトホイザーホフベルクのブラジャーラベル（1921）

十字杖と司教冠が描かれている。

このブラジャーラベルには、黄金とブルーのストライプの縁取りが施されている。実はラウテンシュトラウフ家の親戚筋がケルンの４７１１ハウスに当たり、そのカンパニー・アイデンティティーを譲り受けたのである。

アイスワイン

１７９４年の冬、ドイツのフランコニア★30の農場で、世界初のアイスワイン★31が生まれた。その年のフランコニアは予想もしない霜に襲われ、熟したブドウがそのまま放置されたために凍ってしまい、処分することになった。貧しい農民たちが捨てるはずのブドウで僅かなワインを造ったところ、とても甘みの強い、芳醇な香りのワインができた。この奇跡的な偶然から生まれたのがアイスワインである。その後、一部の貴族が好んで愛飲するようになったため、「貴族のワイン」とも呼ばれ、高級品と

自然に凍ったアイスワイン用のブドウ

★30 フランコニア
ドイツのほぼ中央部、北バイエルンにある地方名。中心都市はニュルンベルク。

★31 アイスヴァインとアイスバイン
アイスヴァイン（Eiswein）は極甘口ワイン。
アイスバイン（Eisbein）は豚のすね肉料理。

して製造されるようになった。

アイスワイン用のブドウ収穫期は秋ではなく、ブドウの実をあえて樹につけたまま、冬まで収穫を持ち越す。冬になるとブドウの実は凍結と解凍を何回も繰り返しながら、徐々に水分を失い、ブドウ本来の甘みと芳醇な香りをもった果汁が実の中で凝縮されていく。そして、零下の気温が続く厳冬期になり、零下8度を下回った早朝、自然に凍ったブドウを選果しながら、一房ずつ丁寧に手摘みする**（巻頭口絵25参照）**。収穫したブドウはすぐに凍ったまま圧力をかけて一気に搾られる。その結果、零下でも凍らない甘みと香りが凝縮された果汁が、ブドウ一房からわずかスプーン一杯程度だけ得られる。それは通常のワインと比べると約8分の1程度の量である。そうして得られた大切な果汁は、約半年間、通常のワインのおよそ8倍の時間をかけて丁寧に発酵させられ、ようやくアイスワインができるのである。アイスワインを造るのは一つの賭けであり、失敗すると実は全部落ちてしまい、収穫がゼロになることもある。

リンゴ酒

フランク人がザクセン人を制圧したのは西暦500年頃で、彼らが支配した場所をフランクフルト、制圧したザクセン人を移住させたマイン川の対岸（南側）をザクセンハウゼンと名付けた。このザク

ラウシャーおばさんの噴水

ツム・ゲマールテンハウス

センハウゼンの名物がリンゴ酒で、ドイツではアプフェルヴァインという。かつてフランクフルトの周辺は土地が痩せていたために、ブドウが育たず、ブドウ原料のワインができなかった。そんな土地でも結実したのがリンゴである。そして彼らがブドウワインの代わりに日常的に飲んだのがリンゴ酒だった。アルコール度数が5％と低いため、水代わりにもなった。

いまでもザクセンハウゼンにはリンゴ酒を飲ませてくれるたくさんの居酒屋がある。フランクフルトではリンゴ酒が大衆が好む酒であるために、ビールを置いてないレストランもある。また、フランクフルト市内には、観光用で走る「赤いリンゴ酒電車」があり、リンゴ酒を車内で飲みながら約50分、優雅に市内観光が楽しめるようになっている。ただし、土日のみの運行であるから要注意。

たくさんある居酒屋の中で、一推しなのがツム・ゲマールテンハウスである。ここは、リンゴ酒の醸造元として知られ、ザクセンハウゼンを代表する居酒屋である。外壁から店内まで描かれた壁画がこの店の名の由来となっている。

さて、リンゴ酒と料理を味わっただけで、ザクセンハウゼンを去ってしまう観光客が多いのはまことに残念である。訪れたからには、少し散策をしてから帰りたい。そこでこの街での一推しは、むかしリンゴ酒を行商していたという「ラウシャーおばさんの噴水」である。場所は街の人に聞けば誰でも教えてくれる。断続的に通りに水が噴出する長閑《のどか》で庶民的な一画である。一推しとは書いたが、あまり期待はしないでほしい。一般の観光客にとってはある意味、がっかり名所かもしれない。

ヤギの陰嚢？　ボックスボイテル

ボックスボイテル（**巻頭口絵28参照**）はフランケン地方特有のワインボトルの形で、「ヤギの陰嚢《いんのう》」という意味である。ポルトガルの軽発泡性ロゼワインの「マテウス」が同型のボトルで知られている。

このボトルの起源についてはいくつかの説があるが、その一つは、次のような話だ。まだワインが瓶詰めされていなかった時代

シュロス・ノイヴァイアー醸造所

に、ある農夫が樽からワインを分けてもらおうとしたが、適当な容器が見つからなかったため、やむを得ずヤギの陰嚢袋にワインを入れておいたところ、翌日になって非常に美味しくなっていたということからこの地方にひろまったという。

フランケンのワインは日本でも販売されているため、比較的有名である。しかし、もう一つのボックスボイテルを使っている地区を知る人は少ない。そこで生産されるワインはほとんど地元で消費されてしまうので、日本ではめったにお目にかかることはない。その地区とはバーデンバーデンの南郊にあるノイヴァイアー地区である。

地区の中心には自前のブドウ畑と醸造所を持つ古城レストラン「シュロス・ノイヴァイアー」がある。ノイヴァイアー城は12世紀に建てられた水城で、１８２０年にヴュルツブルクの司教が領主となり、この地にボックスボイテルを伝えた。そして、その特権としてノイヴァイアーなど一部の村で醸造されたワインは、ボックスボイテルに詰めることを許可された。

また、次のような説もある。この地方でのワイン造りの伝統は古く、修道院や騎士領は高品質のワインを造るのに努力を惜しまなかった。その中でノイヴァイアー城の管理下にある騎士領が高品質のワインだけに用いることが許されているボックス

ノイヴァイアーの町中に立つワイン生産地を表す標識

ボイテルをノイヴァイアーに持ち込んだのだ。1615年にはカッツェネレンボーゲンのエルツ家とクネーベル家、ノイヴァイアーのダルベルクス領がこれを受け継いだという。

なお、現在はバーデン地方となっているが、1803年までフランケン地方に属していたタウバーフランケン地区では、現在でも特別にボックスボイテルを使用することが許されている。

黒猫ワイン

ツェラー・シュヴァルツェ・カッツ（ツェル村の黒猫）は日本で最も有名なドイツワインであり、ワインを飲む人なら誰でも知っている銘柄である。エチケットのデザインは生産者によって異なるが、ほとんどに「黒猫」が描かれている**（巻頭口絵24参照）**。

シュヴァルツェ・カッツの名は、モーゼルのツェル村に昔から伝わる「黒猫が乗った樽のワインは美味しい」という伝説に由来している。

今から140年ほど昔のこと。アーヘン★32の都から3人のワイン商人がツェル村にやって来た。村一番のワインを買いつけるため、酒蔵を一軒一軒訪ねた。樽の試飲があらかた終わり、いよいよ売買契約が交わされようかという段になったが、商人達は未だ最上の樽を決めきれないでいる。殊の外でき の良い三つの樽を前にして試飲を繰り返していると、それまでどこに潜んでいたのか、一匹の黒猫が

★32 アーヘン
ケルンの西方、ベルギー・オランダ国境に近い温泉で有名な町。

8世紀末にフランク王国の首都となる。

ツェル村の中央にある黒猫の泉　正しく黒猫に支えられている村

三つの樽の中の一つに乗り、そして背中を怒らせ、毛を逆立て、鋭い爪の前足で空を引っ掻き、一歩たりとも近寄ることを許さないというような姿態で威嚇した。これを見た商人達は迷うことなく、その樽を買って行った。

黒猫が身をもって守ろうとしたワインは、ツェル村きっての銘醸畑「ペータースボルン」と「カペルトヒェン」のものだった。出来事はやがて村中に広がり、双方の畑から造られたワインは、いつしか親しみを込めて「黒猫」と呼ばれるようになっていった。

やがて「黒猫」の生産と販売がツェル村の特権と化していくと、妬みが生まれ、不当を訴える者が後を絶たず、不正も横行し始めた。ツェル村では「黒猫」用ブドウの収穫が始まってもいないのに、もうその年の黒猫新酒が出回りだしたりもした。

１９２６年のこと。ツェル村から10キロほど離れたライル村で「黒猫」の名前で商売をしている蔵があった。「黒猫」はツェルだけのもの、不当に名前を語るとは許せない、と訴訟になったが、「黒猫」は土地台帳に登記された名前ではなく愛称なので、誰でもその名前を使う権利があるという結果になった。

論争、調停、そして二度にわたって拡張され、１９７１年に新ドイツワイン法が発令されると、「黒猫」はツェル、メルル、カイムト村に属する16のブドウ畑を包括するグロースラーゲ（集合畑）になった。当初は30ha程度だった畑が630haにまで拡張され、ようやく「黒猫」をめぐる争いは収まった。

このワインが「聖母の乳」と同様、集合畑の混醸大量生産に変わってしまい、フランスの策略もあって、日本では一時期、「安くて甘ったるいドイツワイン」の代表として認識され、ドイツワインの評判を落とした。確かに本来の個性を失ったのは非常に残念である。しかし、シュペートレーゼクラスになれば酸や果実味がしっかりしており、まだまだ捨てたものではない。特に焼き肉や中華料理のお相手としてはこのクラスで十分である。

なお、量は少なくなったが、今でも「本当の黒猫」であるペータースボルン＝カペルトヒェンのワインは生産を続けている。

裸のおしり

「裸のお尻」（ドイツ名はナックトアーシュ）という変わった名前は、モーゼルのクレーフ村にある集合畑が産するワインの銘柄である。このワインの香りの良さにひかれて盗み飲みした子どもたちが家主に見つかり、尻をパンパンと叩かれたという昔話から名付けられている。しかし、この他にも次のような伝説がある。

昔、クレーフ村の修道院は周辺のブドウ畑を所有しており、農民たちはその収穫をして生計を立てていた。彼らの報酬は、その日に収穫したブドウだった。

ある年に収穫されたブドウはとてもすばらしいものだった。そこで修道院の僧侶は農民たちを騙して、彼らの報酬となるはずのブドウをただで取り上げる方法を考えた。その方法とは、給料日に農民たちの食事に下剤を投入することだった。給料日になると、彼らは働いている途中でどうしても避けられない急用ができてしまい、家に帰らざるを得なくなる。そして、給料支給時に現場にいないことを理由にして農民に給料を払わずに済ませることができる、と企んだのである。

そのうち農民たちは、僧侶の謀略に気づいた。彼らは一体どうしたか。なんと作業用ロープの下に何も着けていない女性をブドウ畑の作業現場に送り込んだのである。そうすれば用を足しながら同時に収穫作業ができる。しかも現場にいるわけだから給料も貰えるというわけである。

またさらに、ナックトアーシュの語は古代ローマ語の Nektarinus から来ているという説がある。Nektarinus とは「フルーツジュース（ネクター）」を意味しており、これが語源となっているという。

モーゼル河岸にある「裸のおしり」のモチーフ

猿の谷

「猿の谷」を意味する畑名アッフェンターラー（Affentaler）は、「ダーゼンシュタインの魔女」と並んでバーデン地方のワインとしては日本で最もよく知られている。ボトルにしがみついている猿がなんともユーモラスだ（**巻頭口絵26参照**）。

アッフェンターラーの名称は、一説によればホイニッシュという白ワインを造る古いブドウ品種のAffenthalerからきているという。この品種は古くからネッカー川下流の谷間Affenthaler（hが入る）で栽培されてきたが、第二次世界大戦後、ブドウ園がウイルスに感染し、ほとんど栽培されなくなってしまった。ところが、２００４年、カイザーバッハとシュタインハイムという二つの小さい村で、この古い品種が発見され、柔和な酸味と辛さを備えたすばらしいワインが復活した。Affenthaler は Affentaler の古い表記である。

また、次のような説もある。この白ワインは当初、巡礼者が礼拝堂で歌唱するアベマリアに因んで「アベマリア（Ave Maria Tal)のワイン」と呼ばれた。これが時代の経過とともに、

かわいい猿が描かれたアッフェンターラーのエチケット

いつしかアベマリアからアッフェンタール「猿の谷」と呼ばれるようになった。Ave と affe はドイツ語では極めて近い発音になる。すなわち、アッフェンタラーの呼び名は本来、アッフェン（猿）とは全く無関係であったとするものである。

一方、１２５０年、ヴュルテンベルクの北部、ちょうどカールスルーエとフライブルクの中間に位置するオルテナウという地域にあった「バーデン・バーデン・リヒテンタール」という修道院によって素晴らしい赤ワインが造られた。この地域の気候はシュペートブルグンダーとリースリング両品種の栽培に最適であったのである。この赤ワインもアッフェンタラーと名付けられた。

現在、アッフェンタラーはブール＝アイゼンタールの町にワイナリーを持ち、アイゼンタールからオッテルスバイエルに至る２４０haのブドウ畑を所有している。その約半分がシュペートブルグンダーで、残りの半分がリースリングになっている。そのためアッフェンタラーのワインは赤・白・ロゼの３種類が生産されている。

薬草園とタイタニック号

ユルツィヒはモーゼル川の中流域、ヴェーレン村より下流にある村。この地域は古代の地殻変動によってスレート[★33]岩盤の上を赤色粘板岩が覆い、他の村とは恐ろしく性格の異なる個性的なリースリン

★33 スレート
粘板岩。日本では瓦や塀によく用いられる。保温に優れるため、モーゼルのブドウ畑には不可欠とされている。

グを生み出している。それは刺激的なハーブの芳香を放ち、コクがあって引き締まった味わいのワインとなる。畑の名前がヴュルツガルテン「薬草園」というだけあって、スパイシーな香りは独特のもので、他の畑産のワインと比較して飲むと楽しみが倍増する。

「薬草園」のブドウ畑

ユルツィヒはショアレマー、ドクターローゼン、ベレスなど、一流醸造家の牙城ともいえる村で、その隣村がエルデン。ここにヴュルツガルテンとプレラート、それにトレプヒェンという3つの超一流畑が隣り合っている。この3つは、銘酒が競合している中部モーゼルの中でも群を抜いて優れた銘柄である。

カール・エルベス家は1967年に、カール・エルベス氏によって設立された醸造所である。エルベス氏は、三十数年前から有名なクリストフェル・ベレス家のケラー・マイスター（醸造責任者）を務めている。現在は、15歳からワイン造りを手伝い、ケラー・マイスターの資格を持つご子息シュテファン氏が経営を任されている。

エルベス家が所有する畑は、ユルツィガー・ヴュルツガルテンとツェルツィンガー・ヒンメルライヒ、それにエルデナー・トレプヒェン。この十数年で徐々に畑を買い増しし、合計で約4haを所有するようになった。その全てが非常に厳しい農作業を強いられる急斜面となっており、ほとんどの作業は手で行われている。中部モーゼルでもトップクラスの生産者の一人である。

ユルツィヒから下流へ向かい、次にモーゼル川が曲流する場所にトラーベン・トラールバッハがある。ここにもユルツィヒから続く名醸畑「薬草園」がある。そしてそこで醸造されているもう一つの「薬草園」が『タイタニック』のワインリストに載っていたトラベナー・ヴュルツガルテン。つまりこのワイン、あの豪華客船「タイタニック号」のメインダイニングで供されていたことがロンドンの歴史研究家により発表されたのだ。品質が優れていた証拠である。当時のドイツワインは非常に高い評価を得ており、例えばイギリスのレストランのメニューには「ＨＯＣＫ」の表示が見られるが、その価格はラフィットやラトゥール★34よりも高額だった時代すらあったという。

「聖母の乳」という名のワイン

ドイツワインを飲まれない方でもこのワインの名はご存じであろう。その名はリープフラウミルヒ「聖母の乳」という意味である。

このワインが誕生したのは、14～15世紀頃のこと。ラインヘッセン地方のヴォルムス市にリープフラウエンキルヒ「聖母教会」がある。この教会で、修道僧たちが造っていたワインがここを訪れた人

★34 ラフィットとラトゥール
フランスの第一級シャトー。ラフィット、ラトゥール、マルゴー、オー・ブリオン、ムートンをボルドーの五大シャトーと言う。

聖母教会とブドウ畑

マドンナのエチケット

たちを暖かく迎えたことから「聖母の乳」と呼ばれるようになったという。その後、「聖母の乳」は、またたく間にヨーロッパ各地に知れわたった。「黒猫」と並んで日本でも量販店で容易に購入することができる。

しかし、このワインの評判があまりにも高くなったため、同名の類似品が方々に出現した。そして、新ワイン法では、ライン地方で生まれるワインの一つのタイプ（ラインワインの共通ブランド）になってしまったのである。そのため、19世紀初頭から、聖母教会の周辺にあるブドウ園の大半を所有しているファルケンベルク社では、自社のリープフラウミルヒに「マドンナ」という名称を付けて、他社のワインと区別している。

共通ブランドとして登場した安価で低品質の「聖母の乳」が大量に輸出され、ドイツワインのイメージを単なる「甘ったるいワイン」として評判を落としてしまったことは事実である。しかし、モーゼルやラインガウの高級ワインは同じ甘口でも「フルーティーで酸のしっかりした切れのあるワイン」を生産しており、低アルコールのドイツワインが健康ブームに乗って再び脚光を浴びつつある。

近年、ドイツの醸造所では、世界的な嗜好の変化に対応して、辛口ワイン（トロッケン）を多く生産するようになってきたが、これは決して好ましい状況ではない。北緯50度付近でしか栽培されない良質なリースリング種からできる甘口のワインこそ、ドイツワインの真骨頂なのだから。

先帝侯を重病から救ったワイン「ドクトール」

モーゼル・リースリングの代表的生産者であり、名門として名高いのがターニッシュ医師家である。ターニッシュ家が初めて記録に現れるのは17世紀（1636年）。4百年近い歴史を持つ名門中の名門で、モーゼル・ザール・ルーヴァーを代表する超一流の蔵元である。エチケットの絵はカール・フォン・シューベルト家のマクシミン・グリュンボイザーと同様、ユーゲント・シュティールによるデザインで、1901年から変わっていない。

ドクトールというのは、「超一級畑」と称される畑の名前である。トリアーの選帝侯（大司教ベームント2世）が重病になった時、農夫が勧めたワインを飲むと回復し、その畑にドクトール（ドクター＝医者）の名を与えたという話からつけられたという。

セラーの入り口

畑の地下にはセラー（ドイツではケラー）がある。扉を開けると長い通路があり、扉のレリーフには選帝侯の話が描かれている**（巻頭口絵29参照）**。突き当たりには池があり、広い空間になっている。池はドクトールの畑からしみ出した地下水で、昔はこの

ドクトールのエチケット

池で樽を洗った。第二次大戦中はベルンカステルも連合軍の空爆を受け、大勢の市民がこの空間を防空壕として使ったといわれている。

１９２１年にモーゼル地方で初めてトロッケン・ベーレン・アウスレーゼ★35（貴腐ワイン）を造ったのも、このターニッシュ家である。公式晩餐会には、常にオン・リストされ、イギリス皇太子や、アメリカ大統領、そして昭和天皇もここのワインを召し上がっている。

また、ターニッシュ家の畑には珍しく門がある。畑は一面スレートの小石に覆われており、元来、畑に石は邪魔なだけであるが、ここモーゼルではわざわざ畑にスレートを入れている。それは日中、太陽に暖められたスレートが夜になって放熱し、畑の温度が保たれ、ブドウの生育がよくなるためである。

バードステューベ（風呂桶）は大変良質なグロスラーゲ（集合畑）で、ドクトールやグラーベンの単一畑を囲い込んでいる。

★35 トロッケン・ベーレン・アウスレーゼ
世界三大貴腐ワインの１つ。三大貴腐ワインとはトロッケン・ベーレン・アウスレーゼの他にフランスのソーテルヌ、ハンガリーのトカイを言う。

ヴィクトリア女王の山

ホッホハイム村から東へ３㎞ほどのマイン河畔のなだらかな南斜面の丘の中央にある、わずか６haの１級畑がケーニギン・ヴィクトリアベルク「ヴィクトリア女王の山」である。

１８５０年の晩夏にプロシア（現在のポーランド）のウイルヘルム王子夫妻を訪問した英国のヴィクトリア女王を、その高貴な風味で虜にしてしまったことからそう名付けることが許された。１８５４年、ブドウ園の中央に華麗な英国ゴシック様式の記念碑が建てられ、碑文にはそのときの出来事が記されている。また、この記念碑は原色を使った、世界でも類を見ない美しいエチケットとしても描かれている**（巻頭口絵31参照）**。ラインガウ特有の優雅なブーケと、豊かなコクのあるこのワインは、あらゆるドイツワインの中でも最高の水準にある。

ブドウ畑の中に立つヴィクトリア女王の記念碑

ラインワインが英語で「ホック」と呼ばれるのは、このようにヴィクトリア女王がホッホハイムのワインを好んで飲んだことに起因している。現在はフープフェルト家に所有され、醸造はステンレスタンク、また熟成は一部木樽で行われている。低温発酵させることによって非常にクリーンな味わいのワインが造られている。

トリアー慈善連合協会とザンクト・ヤコブス

トリアーは、2世紀に造られたローマ遺跡「ポルタニグラ（黒い門）」で有名な上流モーゼルの観光都市であり、ドイツ最古の都市でもある。この都市にあるトリアー慈善連合協会が、ワインエチケットのシンボルマークとしているデザインが、聖人ザンクト・ヤコブスである★36（**巻頭口絵30参照**）。慈善連合という名称は、トリアーにあった7つの慈善院や養老院が、19世紀になってナポレオンの指令により一つに統一されたときにできたものである。そのとき統一された慈善院の一つであった聖ヤコブス院の守護聖人、ザンクト・ヤコブスの杖を持った姿が、金色でエチケットに描かれている。

バッカスの彫像

現在、この協会の事業の中心はワインの醸造ではなく、あくまでも病院、養老院、養育院、身体障害者施設などの社会福祉事業の維持にある。この協会が所有する土地は、30以上の市町村に、その総面積は１５００haにも及ぶ。その所有地における農業や林業からあがる利益が施設の維持費に充てられているが、ワインがもたらす利益は全体の1割程度にしかならないという。

協会所有のブドウ栽培地は、主としてヴィルティンゲンやゼリッヒなどの村があるザール地方に分散しているが、それ以外にもトリアー、ピースポート、ツェルティ

★36 ザンクト・ヤコブスとほたて貝
ヤコブスは布教中にほたての貝殻を杖にぶら下げて歩いた（次頁のエチケット参照）。この貝殻は食器の代用をしたという。

ンゲン、ユルツィヒ、グラーハ、ベルンカステルなど、モーゼル川流域にも多くの畑を所有している。

トリアーで協会が管理している醸造所の地下にあるケラーは、ドイツ最古のもので、その一部はかつてローマ人によって使われていた、アルプス以北で現存する最大の倉庫でもある。ケラーの最も古い一画には、酒神バッカスの彫像が飾られている。

ここのワインの品質は極めて高く、Q.b.A.[★37]クラスでも他の醸造所のQ.m.P.[★38]シュペートレーゼクラスに負けないほどの香りと味を持っている。

トリアー慈善連合協会のエチケット

★37 Q.b.A.（クー・ベー・アー）特定産地上質ワイン
★38 Q.m.P.（クー・エム・ペー）肩書付上質ワイン

カッペレンホフ醸造所

日本では飲めないドイツワイン、そして観光ルートにも絶対に入ることのない優れた醸造所を一つ紹介しよう。ドイツへ個人旅行をする方がいれば、是非とも訪れてほしい醸造所である。

モーゼルやラインガウに比べて名醸の少ないラインヘッセンの中で、私が特に推薦する醸造所、それはニアシュタインの西にあるゼルツェンという村のカッペレンホフ醸造所（**巻頭口絵32参照**）である。集合畑産の個性を欠いた安価で低品質なワインや粗雑なアイスワインが日本でも大量に出回っており、ラインヘッセンの評判はあまりよくない。地形も平坦な場所が多く、土壌や日射条件も決して良好とはいえない。

しかし、カッペレンホフ醸造所が所有するゼルツ谷の13haのブドウ畑のうち、40％は平坦地であるが、残りの60％は南西向きのなだらかな傾斜地となっており、ブドウ栽培には絶好の条件を備えている。その畑は大きくラインプフォルテ、オスターベルク、ゴッテスガルテンの3つからなる。また隣村のハーンハイムにも広いブドウ畑を持っている。栽培品種はリースリングとミュラートゥルガウが主流である。

カッペレンホフ醸造所の建物は広い中庭を取り囲み、その周辺一帯に庭園やブドウ畑、牧場が広がっている。建物の玄関には古いブドウ搾汁機が置かれ、庭園には古い樹木が生い茂っている。グループで訪問する場合、アポイントメントを取っておけばテイスティングはセラーの中でも庭園でもできるが、私は個人で訪問したため特別なテイスティンググルームを提供され、また醸造所から歩いて5分ほどの場所にあるご自宅にも案内された。9月には一般見学公開週間があるから、参加すれば気軽にテイスティングができるだろう。

ここのワインは決してモーゼルやラインガウに引けを取らない。エレガントで香りが高く、のどごしの良いさわやかな甘さの中に適度な果実酸を含んでおり、シュペートレーゼクラスまでであれば、どのような料理にも合わせられる。

また、常に企業努力を怠らず、エチケットも斬新なデザインをいろいろと取り入れている。惜しむらくは、ここのワインはほとんどドイツ国内で消費されてしまうことである。しかし、逆に現地でしか楽しめないということこそが、ここのワインの魅力かもしれない。

カッペレンホフ醸造所のワインエチケット

日時計

ヴェーレン村のヨハン・ヨーゼフ・プリュム家（Joh. Jos. Prüm）は、12世紀からワイン造りを始めた名門で、モーゼルでは別格であり、ドイツワインの生産者トップ３の一角を占める蔵である。モーゼル河畔にある醸造所の川を挟んで真向かいに位置する畑、ヴェーレナー・ゾンネンウーアの最大の所有者でもある。この有名な真南に向いた畑の名、ゾンネンウーア（Sonnenuhr）とは、「日時計」という意味で、１８４２年、先祖のヨドクス・プリュムがヴェーレンとツェルティンゲンに造った日時計にちなみ、エチケットにもデザインされている（**巻頭口絵33参照**）。農夫たちはこの日時計で食事の時間などを知ることができたという。しかし、実際には日時計があるということで、その畑が真南を向いているということを証明しているのだろう。ちなみに、ヨハン・ヨーゼフは現在のオーナー、マンフレート氏の祖父の名前である。畑は、１３・５haのうち90％は急斜面、主にデヴォンシーファー風化土壌から成る。ワインは驚くべき長寿を誇り、微発泡の若々しさをいつまでも残す。低温のセラーでグラスファイバーのタンクと木樽を用いて醸造している。

ブドウ畑の岩に造られた日時計

ゾンネンウーアは、モーゼルではおなじみの畑名で、ヴェーレンの他に、ノイマーゲン、マーリング、ブラウネベルク、ツェルティンゲン、ユルツィヒとポンメルンといった村々にある。

シュロス・ヴァッカーバート

ドイツ統一により、旧東ドイツ領のワイン産地ザーレ・ウンストルート地方とザクセン地方の二つのワイン産地が加わり、それまで11だったドイツワインの生産地域は13になった。この2つの地方はドイツワインの最小で最北最東の生産地として知られている。

ザーレ・ウンストルートはエルベ川の支流であるザーレ川とウンストルート川の沿岸にあるワイン産地で、ミュラー・トゥルガル、シルバーナなどのブドウから造られる辛口でライトな白ワインとなる。一方、ザクセンはエルベ川の上流、ドレスデンからマイセンにかけて細長く分布する地域である。これらの地域の特徴は、ブドウ畑が小さく分割されており、

シュロス・ヴァッカーバートのブドウ畑

3千以上の小規模な醸造所によって経営されていることである。

シュロス・ヴァッカーバートはザクセンのエルベ川峡谷にある老舗の州立醸造所である。バッカーバート城は、1728年頃に建立されたバロック式の建築物で、今なおワイン造りを行っている。

ブドウのほとんどはこの地域だけの特産ゴールドリースリング種で、みかげ石丘陵の急斜面に、栽培されている。ザクセン州だけにあるゴールドリースリング種は、リースリングとマスカット系品種のクーティー・ムスクを交配した品種である。ザクセンのワインは種類が豊富で、辛口ワインとして有名だ。

ドイツ国内のブドウ栽培面積は約10万ヘクタールであるが、そのうちザクセン地方は460ヘクタールにすぎない。以前は日本はおろかドイツ国内でも入手が難しく、ザクセンワインを楽しむには現地に行くしかなかったが、最近では日本でもわずかに入手できるようになった。

この地のブドウ栽培の歴史は古く、マイセンの修道院の記録に最初に出てくるのが1161年で、現在この地方のワインは、ほとんどがマイセンの協同組合のワイナリーで造られている。

ワイン輸送舟

ドイツで最も古いブドウ栽培地と言われるモーゼル河畔のノイマーゲンは、今から二千年前にローマ人によって形成された小村である。ノイマーゲン村には、ローマ時代に作られたという有名なワイン輸送舟のレプリカがある。出土されたオリジナルは、トリアーの博物館に保管されている。石で彫られたワイン船は、ローマ人がブドウを栽培していたことを示す発掘物である。このワイン輸送舟から、西暦１２０年頃にはモーゼル河畔でワイン造りが始まったと推測されている。

このレプリカに、新しい小さな説明プレートが付いている。それによると、このワイン輸送舟は当時のワイン商の墓碑に使われたものであるという。

ノイマーゲンの道端に置かれているワイン輸送舟のレプリカ

「兄弟分」のブドウ畑

兄弟分

トリアーからモーゼル川を20㎞ほど下った場所にクリュッセラート村がある。そのすぐ下流に有名なトリッテンハイムやピースポートの村々が連続している。ここにブルーダーシャフト「兄弟分」という奇妙な名前のブドウ畑がある。クリュッセラート村で最も評価の高い畑だ。

かつてこの村のすぐ近くをローマワイン街道が通っていた。クリュッセラートの名前もローマ時代につけられたものである。ラテン語ではこれを"clusae scartum"と表記する。「狭い山の中にある澄んだ森林地帯」という意味である。この狭い領域に20近い修道院があり、12世紀頃から古い騎士団の家族が住んでいた。「兄弟分」とは、この頃彼らが互いに称した社会的結合集団としての呼び方である。

このブドウ畑は標高２５０ｍに位置し、南西方向に面しているため、太陽の光熱を十分に受けることができ、リースリングの栽培には最適な場所となっている。

この村では17世紀に設立されたというF・J・レグネリィ醸造所が有名である。急勾配の伝統的な畑で、Alte Reben と称する80年以上の樹齢を持つ、接木されていないリースリング種を栽培している。

ドイツナンバー1の急斜面畑

エラー村のカルモントは、「熱い山」という意味の単一畑である。実際のカルモント畑は、隣のブレム村の方がずっと広い面積を占めている。畑名の意味や由来には複数の説がある。一つ目は calidus mons「熱い山」に由来するというもの、二つ目はcalvus mons「禿げ山」に由来するというもの、三つ目は「押し入り泥棒」という意味である。

この畑の傾斜角度は実に76度にも達し、ドイツナンバー1の急斜面畑となっている。

ドイツの文豪ゲーテは、モーゼル川を旅した時に次のような言葉を残している。「太陽が降り注ぐすべての丘がワイン畑として利用されていた。しかし、間もなくわれわれは川沿いにそそり立つ絶壁の岩山に感嘆したのである。その鋭く高くそそり立つ絶壁の上には、まるで思いがけない自然のテラスのような最高の状態でブドウの樹々が育っていたのである」と。

カルモント畑は、112の区画に細かく分けられており、40ものワイナリーに属している。

ブレム村のカルモント畑

格式あるロバート・ヴァイル醸造所の館

ロバート・ヴァイル醸造所

ロバート・ヴァイル醸造所は１８６８年、パリのソルボンヌ大学でドイツ学教授をしていたドクター・Ｒ・ヴァイルによって、ラインガウ地域のキートリッヒ村に創設された。中世以降の修道院を中心として発展したドイツワイン史の中では比較的歴史の浅い醸造所であるが、創設後ほどなく一躍名声を博した。

時のドイツ皇帝ヴィルヘルム２世が、ヴァイルが生産した１８９３年ものの「グレーフェンベルガー・アウスレーゼ」をこよなく愛し、ドイツ文化史のテーブルを華やかに飾ったのだ。その熱愛ぶりを物語るエピソードは数多く伝えられている。

１９００年にはオーストリアのフランツ・ヨーゼフ１世★39の宮廷が、同じくヴァイルの１８９３年産「グレーフェンベルガー・アウスレーゼ」を一度に８００本、推定で約２４００万円という高値で買い上げたことが記録に残されている。ヴァイル伝説はこうして生まれたのである。

１９８８年10月、日本のサントリーがこの

★39 フランツ・ヨーゼフ１世（1830～1916）
オーストリア＝ハンガリー帝国の皇帝および国王。長い在位から「国父」と称された。

名門ロバート・ヴァイル醸造所の経営を引き継いだ。サントリーがこの醸造所に注目した理由は、皇帝にまつわる名声はもちろん、非凡な才能の持ち主、ヴァイル家4代目ヴィルヘルム・ヴァイルにあった。

彼による様々な革新の成果には、目覚ましいものがあった。今やヴィルヘルム・ヴァイルは世界のワイン・ジャーナリズムからドイツを代表するトップ醸造家としての名声を獲得している。ロバート・ヴァイル醸造所自体も、ドイツ最高の醸造所としての名声を確立しつつある。キートリッヒ村は、ライン右岸から2㎞ほど北に奥まった丘陵地にあり、河畔近くの銘醸村に比べて寒冷な気候が最大の特徴である。高貴品種リースリングからのラインガウワインに、さらなる酸味とすばらしい果実の香りをもたらしてくれる土地なのである。

そのキートリッヒ村で最高の場所に位置する名ブドウ畑が、グレーフェンベルク畑である。ヴィルヘルム2世が愛したのも、ヴァイルが造ったこの畑のアウスレーゼである。畑名は「伯爵の山」という意味。土壌はスレートと砂、少量の粘土が適度に混じり合い、南西向きの急斜面という好条件を備えている。

ヴィルヘルム・ヴァイルのワインにかける情熱の深さは、かつては2年連続することさえ難しいとされていたトロッケンベーレンアウスレーゼとアイスワインの収穫に、1989年から2002年まで実に14年連続で成功するという偉大な実績をみても明らかである。

天使のおしっこ

エンゲルストレプヒェンは、エラー村を代表する名醸ワイン。この畑の命名者は土着の農民貴族ランデンベルク男爵である。彼は所有する畑の一部をエンゲルスピンケル（天使のおしっこ）と名付けた。そして、そのワインボトルのエチケットには、可愛らしい天使がおしっこをするとそれがワインとなって農夫のグラスに注がれる様子を描いた。ところが、この命名とエチケットの絵に、モーゼル一帯を支配するトリアーの大司教が「不謹慎極まりない」とクレームをつけた。これが大論争に発展し、ついには「放尿を恥じらう天使とは一体男か女か」などという始末になった。結局最後は、大司教からの破門を恐れたランデンベルク男爵がおしっこを取り下げ、「滴」に変更してエンゲルストレプヒェン「天使の滴」となった。

エチケットに使われた「天使のおしっこ」の絵

　趣のあるランデンベルク家の蔵の中には、現在もその当時のエチケットの絵が、大きな額になって飾られている。

「高僧」のブドウ畑の岩壁に立つ十字架

高僧

中部モーゼルのエルデンにある一流畑プレラートは、「高僧（大僧正・司教）」という名である。その名の通り、尊敬される偉大な畑として知られている。岩壁に白い十字架が立つその畑は、面積こそ小さいが、中部モーゼルの中で５本の指に入るほど高品質で、かつ長命で偉大なワインを世に送り出している。しっかりとした甘味、トロピカルフルーツのような柔らかい果実味を持つ、素晴らしい品質のワインを生産する。

プレラートはドクター・ローゼン醸造所のフラッグ・シップとも言える重要な畑である。しかもすべてをアウスレーゼ以上の糖度で出荷するという拘《こだわ》りよう。ここの所有者は元々ベレス一族であったが、十数年前にローゼン家が一部を買い取った。試行錯誤の末、クリーンな味わいの中にも非常に奥行きのあるワイン造りに成功し、世界中から絶大な評価を得ている。

ドクター・ローゼンは中部モーゼル・ベルンカステル地区のザンクト・ヨハニスホフにあり、約２００年の歴史を誇る醸造所である。所有ブドウ畑面積はわずかに10ha。年間生産量は約7万本。所有する畑は６つ。ベルンカステラー・ライ、グラーハー・ヒンメルライヒ、ヴェーレナー・ゾンネンウーア、エルデナー・トレプヒェン、ユルツィガー・ヴュルツガルテン。土壌はデボン紀粘板岩、赤色粘板岩土壌。
今は次男であるエルンスト・ローゼン氏が父からの仕事を引き継ぎ、さらなる研鑽を重ねている。またローゼン氏は、ライン・ファルツ地域で「J・L・WOLF」という醸造所も所有している。

アールの赤ワイン

アールは旧西ドイツの首都、ボンに近く、緯度上はザクセン地域やザーレ・ウンストルート地域とほぼ同じ最北に位置している。ライン川の支流のアール川に沿ってブドウ畑が広がり、栽培面積は13の生産地域でもっとも小さく、ヴァルポルツハイム・アールタール地区にまとめられている。

ドイツの中では最北端に近い位置にあるのに、この地域だけ赤ワイン用の栽培面積が圧倒的に多く、80%を超えている。温度、日照量で赤ワイン用ブドウの栽培には不利なのに不思議な現象である。シュペートブルグンダー、ポルトギーザー、ドルンフェルダー、フリューブルグンダー、ドミーナなどが栽培され、ドイツでは「赤ワインの楽園」と呼ばれている。

一般的にアールの赤ワインは軽くフルーティで、渋み苦みが少ないのが特長であるが、よく熟したブドウから造られたアウスレーゼの辛口仕上げなどは、力強いミネラル感に溢れている。この他、白ワイン用ブドウとしては、リースリング、ミュラー・トゥルガウなどが栽培され、独特の香りでいき

ドイツァーホフのブドウ畑

試飲する著者

いきとした酸味のワインが造られる。生産されたワインのほとんどは、地元で消費されている。

いくつか巡ったアールの醸造所で、私を最も歓迎してくれたのはドイツァーホフ醸造所である。この醸造所は、Ｖ・Ｄ・Ｐ（ドイツワイン優良醸造所連盟）の会員になっている。ご主人のヴォルフガング・ヘーレ氏は自然保護に力を注ぎ、アール川の水質改善運動を推進している。常に個性的でオリジナルなワインに挑戦し、毎年６月の樽出し時には１年分のワインが完売するほどの人気がある。ベリー系などさまざまな香りが重なり合って良さを引き出した、上品なワインがいただける。

ドラッヘンフェルス

ボンの南、約13㎞の所にケーニヒスヴィンターという旧西ドイツ最北のワイン生産村がある。そこにはライン川を背に、ジーベン・ゲビルゲという円錐形の山が７つある。この地区にはたった３つの醸造所しかなく、その中で最大規模の醸造所を有しているのがピーパー醸造所である。この醸造所自慢の銘柄がドラッヘンフェルス（Drachenfels）「龍の岩」。これは７つの山のうちの一つでもあり、標高が３２１ｍある。

この醸造所はホテルやレストランも経営しており、約９haのブドウ畑を所有している。畑の上方には、昔、龍が住んでいたという岩山がある。畑の急な部分は傾斜角70度もあり、火山性の土壌から成っている。ブドウ栽培の北限ではあるが、畑は南南西を向いており、年間約2200時間の日照量とライン川の放射熱に支えられた好条件を備えている。

2007年の夏に訪問したときには、曇り空で岩山は霞んでおり、今にも龍が飛び出して来そうな雰囲気だった。夏にはドラッヘンフェストという龍の祭りが開催される。

シュロス・シェーンボーン醸造所

シュロス・シェーンボーン醸造所は、ハッテンハイムに本拠を置くラインガウで最大の個人醸造所である。6割以上が斜面に位置する約60 haの畑を所有している。

1349年、ヴィンケル地域にブドウ畑を領有したのがシェーンボーン伯爵家のブドウ栽培の最初で、17~18世紀にはラインガウ地方にあった多数のブドウ畑を買収し、その領地を拡大した。この醸造所を代表する畑マルコブルンナー（境界の泉）は、ラインガウ屈指の銘醸畑である。湧き出る泉がエルバッハ村とハッテンハイムの境にあるため、この名が付けられた。

今にも龍が出てきそうなドラッヘンフェルスのブドウ畑

当時のシェーンボーン家出身のヨハン・フィリップは、マインツ大司教および選帝侯（神聖ローマ帝国の宰相）となり、その後も同家から多数の司教を輩出した。ヨハン・フィリップは機械技術や自然科学にも興味を示し、また宰相として30年戦争の終結に尽力した結果、その弟フィリップ・エルヴァインと共に同家の名声をヨーロッパ中に広げた。

ハッテンハイムにあるシュロス・シェーンボーン醸造所

シェーンボーン家は南ドイツバロックの推進者でもあり、ヴュルツブルク、バンベルク、マインツ、トリアー、コブレンツ、ブルフザールなどの華麗な城にその影響を及ぼしている。

赤地に前足を上げ、二つに分かれた尾をもつ黄金のライオンが、銀の三角の頂点の上を歩く図柄のシェーンボーン家の家紋は、中世ヨーロッパの人々の目に触れる存在となり、ボトルのエチケットにも必ずこの紋章が入っている（**巻頭口絵34参照**）。

ドイツ各地で開催されるワインフェスタ

ワインフェスタ

8月から9月にかけて、ドイツのワイン産地の村はどこでもワインフェスタを開催する。地元のワイナリーが自慢のワインを持ち寄ってテントを張り、ギンギンに冷やした白ワインを提供する。少々冷やしすぎの感もあるが、暑い夏の野外なので、その方が売れ行きがいいのだろう。フェスタではその地区のワインが一通り飲めるので、醸造所巡りをする手間が省ける。しかし、お目当ての醸造所があれば、直接醸造所を訪問する方が収穫は多いに決まっている。日本では、ミュンヘンのオクトーバーフェスト（ビール祭り）ばかりが有名であるが、夏から秋にかけてドイツへ行くのなら、ぜひワインフェスタにも足を運んでいただきたい。

フェスタの会場に着いたら、まずグラスを購入する。グラスは一つ買えば、そのグラスでどこの醸造所のワインでも試飲できるようになっている。当然グラスを購入した醸造所のワインは試飲するのが礼儀だ。試飲と言ってもグラスになみなみと注いでくれるから、空きっ腹で行くと、2、3の醸造所をハシゴするだけでかなりきいてくる。もちろん軽食もできるので、充実した時間を過ごすことができる。

ドクター・ダーレム・エルベン醸造所

ドクター・ダーレム・エルベン醸造所

ドクター・ダーレム・エルベン醸造所は、３００年以上に渡りラインヘッセンのオッペンハイム村で高級ワインを生産してきた醸造所で、１７０２年に使用を許可された家紋をエチケットに掲げている。現在は若い主人が経営を担い、近代的な設備を導入している。

ここの銘酒が「ザックトレーガー」（荷運び、袋担ぎ人夫）という畑から造られるワイン。付近は小高い丘が多く、これが冷風を遮ると同時に、太陽の照射熱を十分に受けるという好条件を作り出している。

荷運びの畑名は１５００年頃、ライン川水運により船で運ばれてくる品物の荷運びを職としていたこの地域のギルド（商・工業者の同業者組合）に起因している。オッペンハイム村はライン川から離れており、河港を持たなかったため、荷物を船積みする際には多くの労働力を必要としたのである。彼らはまた、オッペンハイムの周囲を取り囲む防壁を守衛した。

醸造所グッズ

醸造所巡りの第一の目的は当然、テイスティングをして、美味しいワインを見つけることである。しかし、それだけではつまらない。せっかく美味しいワインに巡り会えたのだから、そのワインを自宅でいただくときも、醸造所と同じワイングラスを使いたいものである。ワインの銘柄に拘るのならば、グラスにも拘りたいのだ。ワインも料理と同じで、グラスによって味が変わる。現地でいただいた最高に美味しいワインが、日本では少しも美味しくなかったという経験はよくある。料理もワインも、雰囲気50％なのである。グラスは商品になっていないことが多いが、申し出ればたいていの醸造所では、快く譲ってくれる。ボトルエチケットと揃いのロゴが入ったグラスでいただくワインは格別である。

醸造所のロゴ入りオリジナルグラス

また、大手の醸造所では取引先のホテルやレストラン用に、オリジナルの「ソムリエナイフ」を作っている。これも商品になっていないことが多いので、入手したい場合には交渉が必要だ。

カールークート・バンベルガー&ショーン醸造所

ナーエ地区を代表する名醸が、このカールークート・バンベルガー&ショーン醸造所である。この醸造所が所有するブドウ畑はナーエ地区では珍しく、ほとんどが急傾斜地のため栽培農家は多くの手作業を強いられる。ここでは、ブドウ栽培からワインの醸造、瓶詰めまでのすべてを家族経営で行っている。

カールークート・バンベルガーと彼の妻が１９６８年にこの醸造所を引き継いでから、その業績は著しく向上した。品質に対する厳しい姿勢はブドウ栽培から始まり、醸造所内での妥協のない徹底したワイン造りが続く。ワイン造りの基本姿勢はワインを大切に扱うことで、どの品種の場合もその原料がもつフレッシュさとフルーティさを保つように細心の注意を払っている。

この醸造所のワインの多様性は、所有する単一畑の数とブドウ品種の豊富さにある。

また特別な商品として伝統的な瓶内発酵で造られたヴィンツァーゼクト★40、蒸留酒、赤、ロゼワインがあり、いずれも高い評価を受けている。

★40 ヴィンツァー
ブドウ栽培兼ワイン醸造業者のこと。ゼクト（発泡ワイン）の元になるワインが一箇所のワイン醸造所産であり、独自にもしくは生産者組合によって生産されている。ヴィンツァーゼクトは、伝統的な瓶内発酵で造られることが規定されている。

カールークート・バンベルガー＆ショーン醸造所

セラーを見学（2007年）

ワインの小径には古い搾汁器が各所に展示されている。

ワインの小径

ドイツ南部のワイン生産地域、バーデンの国定保養地オルテナウに、「ワインの小径」はある（**巻頭口絵35参照**）。プファルツ地方を縦断する「ドイツワイン街道」と比べると小規模な小径だが、あたり一帯は極上のワインを産する温暖な気候である。なだらかな山地の谷間にあるドゥルバッハという小さな村を中心とした一本道に沿って、バーデン屈指の名醸造家がひしめいている。二つの山の頂上には、それぞれ11世紀に建設された城内にあるシュロス・シュタウフェンベルク醸造所と、ナイゲルス・ファースト醸造所がある。集落の最高地点にあたる谷の奥には個性的なワインを造るハインリッヒ・メーンレ醸造所がある。

１３８１年に初めてドゥルバッハ産ワインの醸造が文献に記されてから、ドゥルバッハ村はワインとともに歴史を重ねてきた。日当たりの良い急斜面は水はけが良く、保温性の良い土壌が広がっていて、ドゥルバッハワインのための質の高いブドウが育てられている。

町には花いっぱいに飾られた木骨家屋が小川に沿った小径沿いに続き、壮観な景色を味わえる。できれば夏に訪問し、最低でも一泊して散策をしたい場所である。

円頂

モーゼルの支流ザール川の流域にある小村の一つ、アイル村の平地に突如として現れる円形の急斜面丘陵地にクップ＝「円頂」という名を持つ単一畑がある。

この地域では最高級といわれているシャルツホフベルガーに敵うワインはないが、クップはその特一級畑に匹敵するといわれるほどの急斜面で南向きの粘土質土壌を持っていて、そこでできるリースリングは非常に濃厚で酸味がしっかりとしている。残念ながらエゴン・ミュラーのような特筆される醸造所はなく、ほとんどは小規模な家族経営による生産を行っているが、古い歴史を持つ醸造所も少なくない。

栽培されているブドウのほとんどは、リースリング種である。急斜面で機械が入らず、すべて手作業で畑の手入れ、収穫が行われる。

クップ山頂のブドウ畑から見下ろすアイル村

畑の名前が円頂なので、私が訪問したときは当然のように、この小山の頂上へ登った。期待して登った山頂には、小さな公園とクップ畑の説明板があるだけだったが、頂上から見下ろす急斜面のブドウ畑は圧巻である。

レストランの地下ケラー　右の樽が「ローズワイン」

ブレーメンのラーツケラー

ドイツ各地の市庁舎には、地下にラーツケラーというレストランがあり、郷土料理が食べられる。数あるドイツのラーツケラーのうち、もっとも知名度が高いのはブレーメンのそれであろう。

ブレーメンのラーツケラーは、古い歴史のある市庁舎の地下というだけあり、風格はちょっとしたものだ。ドイツワインの貯蔵量は６００種類で、１００万本だという。メニューはもちろんドイツ料理で、価格も手ごろである。

このレストランのケラー（地下ワイン貯蔵庫）には、ドイツで一番古いワインが保管されている。「ローズワイン」と名付けられたそのワインは、何と１６５３年の醸造。樽の上の天井には、このワインの名の由来になったバラの絵が描かれている（**巻頭口絵27参照**）。このワインは一般人には提供されない。飲むことができるのは、ブレーメンの市長とラーツケラーマイスターに新しく就任した人だけであるという。なんともうらやましい話だ。

天国

グラーハはモーゼル河谷のヴェーレンとベルンカステルの間にある小さな村で、風の少ない陽だまりの丘にあり、白く輝くように見える畑が、ヒンメルライヒ＝「天国」である。ここにはドイツワインの生産者トップ３の一角を占める蔵元のヨハン・ヨゼフ・プリュム家をはじめとして、ドクターローゼン家など一流の醸造蔵の畑が点在している。ヒンメルライヒの畑はその名のとおり、丘のてっぺんの日当たりのよい区画に位置している。

１７０６年からワイン造りを始めたヴィリ・シェーファー家は、グラーハにドームプロブストとヒンメルライヒ、ヴェーレンにゾンネンウーアという、合わせて２・８haの畑を所有している。最も若い樹齢でも植樹してからすでに30年が経っている。古い樹にはいつ植えたか分からないものもあり、特にヒンメルライヒの畑は区画整理がされておらず植え替えをしないため、古い樹が多いという。畑の中で特に傾斜のきついところは、周りの畑に比べてエクスレ度[★41]が10～15度低くなるが、その代わり味に落ち着きのあるワインができる。ドームプロブストの急斜面の目の前にワイングート（ワイナリー）があるが、非常に小規模で限られた数量しか生産していない。

★41 エクスレ度
エクスレとは糖度の測定方法のことで、１リットルの果汁が同量の水に比べてどれだけ重いかで表される。水より重い部分が糖であり、これを糖度の近似値とする。

グラーハー・ヒンメルライヒのブドウ畑

グラーハー・ヒンメルライヒのエチケット

乙女

ユッファーはモーゼル河谷のブラウネベルク村にある「乙女」という名の単独畑。その名は、この畑が尼僧修道院に属していたことに由来する。全てが南向きの急斜面に位置するモーゼルで有名な畑である。土壌はスレート（粘板岩）質、栽培品種はリースリング１００％で、その名のとおり味わい優しく、とてもエレガントに仕上がっている。

フリッツ・ハーク家は、現在中部モーゼルで最も著名な名醸蔵の一つになっており、ガイドブック「ゴー・ミヨ」誌の「'94年ドイツワインガイド」で、ドイツワインの最高の生産者に選ばれ、今や誰もが認めざるを得ない存在になっている。

ハーク家が取り組んでいるのは、ここのワインの樽ごとの性格を重視し、伸ばしていく醸造法で、樽のナンバーがエチケットのAPナンバーの欄に太字で載せられているほどである。

ハーク家の長男トーマス・ハークは、ガイゼンハイムのワイン大学を卒業後、シュロス・リーザーの醸造所経営を任された。彼が初めて手がけたヴィンテージは、かつての名声を再び表舞台へと呼び戻すきっかけとなった。そして彼は、'97年にシュロス・リーザーの7つの畑と醸造所を買い取った。

ここ数年来、ドイツワインのエチケットには、「グーツワイン」★42と呼ばれる表示方法がトレンドになってきている。トーマスはこの表示方法の先駆者であり、一般にはQ.b.A.またはカビネットクラスのワインしかグーツワインとして扱っていないところを、７つの畑のうち、ニーダーベルク以外をシュペートレーゼまでグーツワインとして醸造している。

★42 グーツワイン
各醸造所が所有する類似した条件下の畑をまとめて同一品種で、１ランクに１種類のタイプのワインを造る。生産者の名前と品種が主要な表示となり、それらの要素がワインの価値や品質を決定づける。

ユッファー畑の説明プレート

ユッファーのエチケット

鉤《かぎ》の火の岩

ミッテルラインのボッパート村にあるハム・フォイヤーライは「鉤の火の岩」を意味する。Hammはラテン語の Hamo、英語の Hook で、鉤あるいは屈曲部を意味する。ボッパート村にはかつてローマの軍用基地があり、ここで大きくライン川が鉤状に屈曲し、航行する船舶の徴税所があったためにこの名があるとか、あるいはボッパートの丘を遠くから見ると鉤状に見えるために付けられたとも言われている。その良質なワインを産するフォイヤーライのブドウ畑は、ライン川沿いの傾斜面に位置している。

ヴァインガルト醸造所は、ミッテルライン地方ではエース級の醸造所である。10年前までは全く無名だったこのワイナリーが、ガイゼンハイムで醸造学を修めた息子フロリアンが醸造に携わってわずか10年足らずでゴー・ミヨ誌で4つ星を獲得し、ミッテルライン地方でナンバーワンのワイナリーに成長した。

ボッパーター・ハムのブドウ畑

ハム・フォイヤーライのエチケット

フランツ・カール・シュミット醸造所

ラインヘッセンのニーアシュタイン村にあるフランツ・カール・シュミット醸造所は１５４９年に創立され、ニーアシュタインのエールベルク、ペッテンタールなどに１０・５haのブドウ畑を所有している。自慢の畑であるヒッピンは「山羊の丘」という名。ライン川に面した砂岩質土壌の比較的急な斜面に位置している。栽培ブドウ品種はリースリング75%、ミュラー・トゥルガウ15%、ジルヴァーナ10%となっている。

オーナーのフランツ・カール・シュミット氏は１９７６年に畑を譲り受けて以来、ニーアシュタインで最高の畑を所有することになった。彼の祖父は１９００年頃にラインヘッセンで最初にトロッケンベーレンアウスレーゼを収穫、醸造した人物として知られている。１９３０年と１９４０年に造られた最高級のワインは現在でも非常に良い状態で保存され、畑の素晴らしさもうかがい知れる。

醸造所で試飲を楽しむ

ヒッピンのエチケット

修道士の山

ルーヴァーの小集落マキシミン・グリュンハウス村にある3区画された畑の一つ、ヘレンベルクは「修道士の山」という意味。

カール・フォン・シューベルト醸造所はルーヴァー川がモーゼル川と合流する2㎞ほど手前のメアテスドルフ村にある。醸造所の建物は10世紀にベネディクト派が建てた修道院「聖マキシミーン」跡がそのまま使われている。地下のケラーの一部はさらに古く、ローマ時代にまで遡る。創設以来、醸造所の所有は時の権力者の手を転々としたが、1882年以来、現在のシューベルト家が管理している。

グリューンハウス村にある34haあるブドウ畑は、醸造所を取り囲むように固まっていて、それぞれブルーダーベルク（平修士の山）、ヘレンベルク（8・5ha）、アプツベルク（修道院長の山）と名付けられ、そのすべてが単独所有されている。この3区画は土壌の色も灰色、赤色、青色とそれぞれ異なっている。平均樹齢は50～60年で、これらのブドウ畑には、モーゼル地方では珍しく、垣根が巡らされている。

ヘレンベルク畑

アプツベルクのエチケット

グリューワイン

冬の寒さが厳しいドイツのクリスマスマーケットにつきものなのが〝グリューワイン〟。クリスマスマーケットに出かけた町の人々は、グラスに注がれたホットなグリューワインをふうふう吹きながら飲んで、冷えた身体を温める。この光景はドイツのクリスマスの風物詩とも言える。

作り方は簡単で、赤ワインにオレンジピールやシナモン、クローブなどの香辛料、砂糖やシロップを加えて火にかけて温めるだけ。普通は赤ワインを使うが、場所により白ワインで作ることもある。

第三部　グルメ編

ドイツのグルメ

ドイツのグルメに関する私の評価は、ドイツ人にはたいへん申し訳ないが、はっきり言って「下」。つまり、不味い。イギリス料理と並んで世界の不味い料理を代表している。ドイツのイタリアンレストランで出される料理などは食べられたものではない。あえて苦言を呈すると、あれらは「料理」ではない。量や味付けもヘルシーとはほど遠い。だから、ドイツでたまに美味しい料理に出合うと殊の外感動を覚えたりする。

ソーセージやポテトなどの簡単な料理は、焼いたりゆでたりサラダにしたりして、普通にいただける。しかし、手間をかけた一品料理は概して不味い。

世界で認知されているおいしい料理といえば、中華料理とヨーロッパのラテン諸国の料理である。それらの国々の人たちは、食に対する関心度が高い。日本料理は近年国際的になった寿司は別として、まだまだ世界的には認知度が低く、評価される対象にはなっていない。

ドイツで甘いワインが好まれているのは、料理に合わせて造られているからではなく、元々ワイン単独でいただくか、料理は付いていても軽食程度のものが主だったからかもしれない。味の強烈なドイツ料理には、大ジョッキでいただくビールの方が合うのだろう。

本章では、そんなドイツ料理の中にあって、私が「美味しい」と感じたものを紹介する。

ドイツ人の名誉のために書き添えておくが、ドイツにあるすべてのレストランが不味いというわけではない。ベルリンにある老舗料理店のいくつかは満足に値するものを提供しているし、地方のホテルでも美味しい料理を出すところはいくらでもある。また、概して菓子やケーキはレベルが高く充実している。

シュヴァルツヴァルダー・キルシュトルテ

黒い森の名物に、世界に誇れるほどのチェリーケーキがある。シュヴァルツヴァルダー・キルシュトルテ「黒い森のさくらんぼ酒ケーキ」（Schwarzwälder Kirschtorte）がそれで、キルシュヴァッサーという40度もあるサクランボの蒸留酒が使われている（巻頭口絵38参照）。ドイツを代表するケーキで、オーストリアやスイスでも作られる。フランスではフォレノワールと呼ばれ、日本では単にキルシュと呼ばれる。

ココアの入ったスポンジ生地にキルシュ入りザーネクレームとサクランボをサンドしたケーキで、周りには森に積もった雪に見立てたキルシュ入りザーネクレームを塗り、雪の上の落ち葉に見立てて削ったチョコレートとサクランボを飾る。甘さが控えめなので、ケーキが苦手な人でもおいしくいただける。サクランボとココアの相性が抜群で、私もドイツへ行くと必ず一度はいただくが、お酒がたくさん使われているわりにはそれほどアルコールを感じないのもいい。ウィーンのザッハトルテと双璧をなす高級ケーキである。

ハイネマン

チョコレートとクッキー、そしてケーキで有名なコンディトライ（自家製菓子店）「ハイネマン」はデュッセルドルフの名所のひとつで、この街を訪れる人たちが必ず立ち寄る店。もとは隣町のメンヘングラードバッハにあった家族経営によるこの店は、１９３２年の創立である。

デュッセルドルフは、日本企業のヨーロッパ進出拠点として、数多くの日本人が暮らしている。中央駅前のインマーマン通りには、日本食レストランや食品店、書店などが並び、まるで日本のオフィス街のようだ。

インマーマン通りを過ぎると、市の中心を通るケーニヒスアレーという大通りに出る。「王様の通り」という意味で、地元の人たちは略して「ケー」と呼び、その中央には掘割りがある。並木道には有名ブランドやショッピングビル、レストランなどが並び、ドイツには珍しく高級感漂うショッピングストリートとなっており、その美しさから「小パリ」とも呼ばれている。

この通りを歩いていると、明るいグリーンのショッピングバッグを持つ人の姿を必ずといっていいほど目にする。このバッグは、もちろんハイネマンのオリジナルであり、ドイツでは誰でも知っている。

店内にはケーキをはじめ、日本人におなじみのバームクーヘン、酒の風味が効いたチョコレートや焼き菓子などがかわいらしく包装されて、所狭しと売られている。

ハイネマンで一番人気のケーキは、「ヘレントルテ」というスポンジの間にマジパンクリーム[★43]を何層も重ね、チョコレートコーティングされたケーキ（**巻頭口絵37参照**）。また、バニラムースのケーキに

★43 マジパンクリーム
砂糖とアーモンドの粉を練り合わせてペースト状にしたもの。

ラズベリーソースが添えられてくる「シャルロッテクーヘン」も人気がある。

バウムクーヘンは本場のドイツでも、クリスマスの時期に作られる子どものためのお菓子というのが一般的であるが、ハイネマンでは、いつもトゥルムという木の幹のようなバウムクーヘンを作っている。すべて手作りのため、一つ一つ値段が違うのもおもしろい。

チョコレートの一番人気は「シャンパントリュフ」。シャンパンの芳香漂うクリームとチョコレートの見事なハーモニーはまさに絶品。世界のチョコレートファンやグルメの間でも高く評価されている。

アイアシュッケ

ドレスデンで特に気に入ったのが、ドレスデンオリジナルのチーズケーキ「アイアシュッケ(Eiersheche)」だ。それまで食べたことがないくらい美味しいチーズケーキで、感激したことを覚えている。名称はドイツ語で「卵」を意味する eier と、「まだらの」を意味する schecke の合成語で、焼いた菓子の表面がまだらになることに由来している。

私がいただいたコーゼルパレーというカフェレストランのものは4つの層になっていて、一番上がふわふわのカステラ風スポンジ、真ん中はレアチーズが2層になっており、一番下はタルト生地。各層それぞれの食感が異なり、しつこさが全くない。パウンドケーキ型のものを食べやすいように切って供されるのが普通であるが、コーゼルパレーのものはタルト型になっている。

シュネーバル

ロマンチック街道の城壁都市ローテンブルクのあちらこちらで売られているのがシュネーバル(Schneeball)。直訳すると「雪の玉」

小麦粉と卵、それにわずかなドイツ産リキュールを混ぜて練った生地を幅の広いきしめん状にして、穴のあいた丸い鉄製のボールに入れ、熱い油に入れて揚げる。その後、油を完全にきってから白いパウダーシュガーをかけるとでき上がりだ。直径10センチ前後の白いボールのような形をしており、雪の降るローテンブルクの長い冬によく合う菓子である。

今から150年前にローテンブルグの銘菓として生まれたシュネーバルも、近年はチョコがけ、ホワイトチョコがけ、アーモンドがけと、種類も豊富になった（これらは総称してタウバー・クーゲルン〈タウバー川の球〉という)。まるで日本の「八ッ橋」や「もみじ饅頭」のようだ。また、大きさも

コーゼルパレーのアイアシュッケ

直径3～4センチの一口サイズもできた。味は、「かりんとう」に似ており、カリッとした食感が特徴で、紅茶によく合う。ローテンブルクに行ったら是非とも食してほしい一品だ。

ローテンブルクに数ある菓子店の中で、シュネーバルを売る元祖的存在なのがヴァルター・フリーデル。販売しているシュネーバルのその名も「オリジナル・ローテンブルガー・シュネーバーレン」という（**巻頭口絵36参照**）。

シュバインハクセ

シュバインハクセ（Schweinehaxe）は、塩漬けされた豚のすね肉をローストしたベルリンを代表する料理である。私は1621年創業というベルリン最古のレストラン「ツア・レッテン・インスタンツ」でいただいた。同じく豚のすね肉を茹でたのがアイスバインで、どちらかといえばアイスバインの方が有名である。ソーセージやハム類も含め、とにかくドイツは豚肉料理が豊富である。

シュバインハクセはグリルハクセともいわれるようにパリッとした皮が美味しいが、とにかく大きすぎる。3人分はあろうかと

シュバイン・ハクセ

いうボリュームなのだ。これはアイスバインも同じ。しかし、アイスバインがいただけないのは、茹でただけの料理であるため、ブタ特有の臭い匂いが残り、途中から食欲を失うことである。しかし、ドイツへ行ったのなら話のネタにも、一度は挑戦したい料理だ。

残念ながらドイツのメインディッシュははっきり言って美味しいものが極めて少ない。

ベルリナー・ヴァイス

ベルリナー・ヴァイス（ベルリンの白ビール）とは、ベルリンで発展した古典的なビールで、大麦と小麦を使った上面発酵ビールのことをいう。小麦と乳酸を使っているため、白く濁っている。苦味は弱く、フルーティーな酸味があり、ドライでシャープな後味が特徴で、軽くさわやかである。使用する白ビールのメーカーは「ベルリナー・キントル Berliner Kindl」のものが定版である。

ご当地のベルリンでは夏によく飲まれ、普通はカクテルにする。白ビールを、アイスクリームを入れるようなヴァイスビアグラスにカシスのシロップ、またはライムのシロップを入れて静かに注ぐ。そしてストローで飲む。カシスのものは「ロート Rot」、ライムは「グリューン Gruen」という名前が付けられている。カラフルで食事が楽しくなる（**巻頭口絵39参照**）。

フリカデレ

ハンブルクといえば、ハンバーグを連想する人も多いだろう。しかしハンバーグは、もともとドイツの料理ではなく、13世紀頃、モンゴル系騎馬民族のタタール人が侵略の置き土産としてヨーロッパへ伝えたものらしい。そのため、当初は固い馬肉を潰してミンチにしただけの料理（タルタルステーキ）であったが、ドイツでは生肉を食べる習慣がないため、港湾労働者の食事として焼いて食べた。それが後にハンブルク港からイギリス、さらにアメリカに渡り「ハンブルクから来た料理」ということで、ハンバーグと呼ばれるようになった。ちなみにご当地のハンブルクでは、ハンバーグとはいわず、フリカデレ（Frikadelle）、あるいはハックシュテーク（Hacksteak：挽き肉のステーキ）という（**巻頭口絵40参照**）。現在はドイツのレストランで英語メニューをもらうと、単に「meat ball」と書かれている場合が多い。

ドイツで広まったフリカデレ、すなわちハンバーグは、上質の牛挽肉に、すりおろした玉葱、塩、コショウ、卵を混ぜ合わせて成形し、焼いたものだった。日本には明治時代の肉食解禁で輸入され、洋食ブームに乗って庶民の味として親しまれた。

ハンバーグをパンに挟むとハンバーガーになる。１９０４年にセントルイスで開催された世界万国博覧会の際にハンバーガースタンドができ、このスタイルがアメリカ中に広まった。ハンバーガーショップの始まりである。

カルトッフェルンズッペ

ドイツ語でポテトスープのことをカルトッフェルンズッペという。あまりおいしそうに思えない名称ではある。しかし、往々にして「まずい」といわれるドイツ料理の中にあって、これだけはきっとどんな日本人にも「おいしい」と感じられるだろう。

カルトッフェルンズッペはたいへんシンプルで、ジャガイモをそのまま食べているかのような素朴さがあり、どこかなつかしい味がする。作りおきができ、栄養価も高く、おなかはいっぱいに膨れ、体がすぐに暖まる。だから、ランチにはこのスープとパンが少しあれば十分である。カルトッフェルンズッペはもちろんドイツ各地でいただけるが、私は西ドイツよりも、寒冷な気候の東ドイツ地方の方がおいしいと思う。

ちなみにドイツのジャガイモには多くの種類があるが、メーリッヒとフェストコッヘンドの二つに大別される。スープに使われるのは、水分が少なく、溶けやすいメーリッヒ種の方である。フェストコッヘンド種は煮くずれしにくいため、煮込み料理やポテトサラダに適している。

カルトッフェルンズッペ

ザオマーゲン

ドイツ語でザオとは雌豚、マーゲンは胃袋という意味で、ザオマーゲンは「雌豚の胃袋」という意味になる。豚の胃袋にミンチを詰めた、プファルツ地方の伝統料理の一つである。ミンチにはいろいろな食材が混ぜられている。作り方は細かく切った豚肉やブラートヴルスト（焼ソーセージ）に、茹でて角切りにしたジャガイモや玉ネギ、それに塩・胡椒、さらに各種の香辛料を混ぜて味付けをする。これを一晩水に浸けておいた豚の胃袋に詰める。沸騰した湯で煮た後、ローストして、薄く輪切りにし、さらに表面を焼き上げればできあがりである。元々は家庭料理なので、その作り方は家によって千差万別だ。

輪切りにして焼いたザオマーゲン

ザオマーゲンの歴史は古く、18世紀に農民によって考えられたとされているが、近年までは一地方料理でしかなかった。ザオマーゲンがドイツ全土に知られるようになったのは、ドイツ元首相のヘルムート・コール（１９８３年～１９９８年在任）が在任中に、故郷の大好きな郷土料理として、賓客《ひんきゃく》の接待に提供してからである。したがって、ドイツ人でもこの料理を食べたことがない人はたくさんいる。

焼き栗

秋から冬にかけてのドイツの代表的な風物詩に、焼き栗がある。屋台メニューの定番で、天津甘栗とは違い、普通の栗を鉄板で炒っただけの、単純で素朴な味である。それだけに、栗本来の味が楽しめる。円錐を逆さまにした形の紙袋に入れて焼き栗を食べ歩き、割った栗の皮をまた袋へ入れる。この紙袋は、片手で持てるので栗を取り出しやすい。栗には切れ目が入れてあるので簡単に皮をむくことができる。冬の寒い日にはもってこいのあつあつホクホクで、とにかくおいしい。

　この焼き栗にまつわって、ブロッケン山[★44]の周辺を舞台とした「小さな魔女」という話がある。若い魔女が良い魔女になるための1年間の奮闘ぶりを書いた物語だ。

　焼き栗売りは、とても寒い街頭で、焼き栗用のストーブの前で一日中立ちっぱなしである。だからいつも鼻水をたらしていて、くしゃみも絶えない。そんな焼き栗売りを小さな魔女が助けるのだ。魔女が呪文を唱えてやると、焼き栗売りは寒さを感じなくなり、おまけに鼻水やくしゃみも出なくなる。手をストーブに突っ込んでもやけどをしない。と、こんな話である。

路上の焼き栗屋

★44 ブロッケン山
ドイツ中部にあるハルツ山地の最高峰（1.141m）。
光の輪が出る「ブロッケン現象」で知られている。

昔からの名物は、いつの時代でも庶民に愛され続けるものであってほしい。そんな風物詩が今も残っているドイツは素敵である。

シュトレン

ドイツで最も有名な菓子はシュトレンであろう（**巻頭口絵42参照**）。シュトレンは元々ドレスデンでクリスマスの4週間前から始まるアドヴェント★45の時期に焼かれる郷土菓子であるが、現在ではドイツを代表する菓子として、ドイツ中のケーキ屋やパン屋で焼かれている。

シュトレンの歴史は古く、ザーレ川沿いにあるナウムブルクという町で、1329年にクリスマスの贈り物として司教に献上されたという記録が最古であるという。シュトレンという名称はドイツ語で「坑道」を意味するが（切ったときの断面が坑道の形に似ている）、仕上げに粉砂糖を真っ白くなるまで降りかけるため、まるで布にくるまれた赤

シュトレン

★45 アドヴェント
　イエス・キリストの降誕を待ち望む期間。待降節。降臨節。
　西方教会における概念で、正教会には存在しない。

子イエスのように見え、クリスマスの贈り物に最適だったのだろう。

一般にシュトレンはドレスデンが発祥の地といわれているが、ドレスデンでシュトレンの名前が使われるのは１４７４年で、ナウムブルクの記録から１５０年近くも後のことである。１５００年頃には、ドイツ最古のクリスマス市といわれる、ドレスデンのシュトリーツェル・マルクトで「クリスマスのキリストパン」という名で販売されるようになった。シュトレンの名を広く有名なものにしたのが、ドレスデンだったわけである。

当初のシュトレンは、アドヴェントの期間の断食のために作られていたので、バターや牛乳を使ってはいけないというカトリック教会による規則があった。そのため、水と麦と菜種油でこねただけの、味も素っ気もないパンだった。１４５０年、ザクセンの選帝侯が、教皇のもとへ「バター禁止令」の廃止を求めたことにより、バターや牛乳、レーズンやアーモンドなどの使用が許可され、おいしいシュトレンを作ることができるようになったのである。

１５６０年から、クリスマスにパン職人からそれぞれの選帝侯へ、18kgのシュトレンが献上されるようになる。１７３０年には、ザクセン王がシュトレンの重量記録を作ろうと、ドレスデンのパン組合に1.8ｔもある巨大なシュトレンを作らせた。１００人のパン職人で１週間もかかり、８頭の馬で王の下へ運ばれたという。これが現在ドレスデンで行われている「シュトレン祭」となり、毎年約３ｔの巨大シュトレンが作られている。このシュトレンは、町中を巡回した後、パン職人によって1.6ｍの巨大なナイフで切り分けられ、最初の一切れは必ず市長が食べることになっている。

ドイツでは大都市の有名菓子店にも、小さな町のケーキ屋にも、それぞれ自慢のおいしいシュトレンがあり、多くの家庭でもホームメイドのシュトレンをアドヴェントの期間中に何度も焼いて、来客に出したり友人に贈ったりする。

ちなみにドレスデンでは、ＥＵの法律で「ドレスナーシュトレン」という名が保護されており、ドレスデン以外の場所で作られたシュトレンを「ドレスナーシュトレン」の名で販売することは禁止されている。

ダルマイヤー社のコーヒー

ミュンヘンに、世界で最も古いコーヒーメーカーとして知られている高級食材店「ダルマイヤー」の本社がある。３００年にわたる伝統を有するダルマイヤー社は、かつてバイエルン王室御用達商人であったことから、最も高価なコーヒーを精選、焙煎してきた。

最も人気のある商品「プロドーモ」は、アフリカと南米の名高いコーヒー産地で栽培された上質の豆を厳選し、豆を炒る前に油脂分を取り除く特許製法で作られており、胃に刺激を与え

ダルマイヤー社のコーヒー

る苦味と成分を取り除くことで、胃に優しく上品で甘い香りのコーヒーに仕上げている。

紅茶もまた独自の製法で茶葉を乾燥させ、それぞれ最適な発酵方法で製造される自慢の商品で、ドイツ食芸術の最高峰に君臨している。

しかし、ダルマイヤーは元々高級食料品店で、コーヒーや紅茶もさることながら、世界的にはハムやソーセージの方が有名だ。1898年には王宮主催の料理芸術展で金賞を受賞し、その名声を不動のものとした。現在は、ハムやソーセージ、コーヒーや紅茶の他、菓子、ジャム、ワイン、惣菜、チーズまで豊富な品揃えを誇る高級食材店、高級デリカテッセン（サンドイッチや持ち帰り用の惣菜を売る商店）、また高級レストランとして、ドイツだけでなく、世界中のグルメの注目を集めている。

グーラッシュ

グーラッシュは、牛肉（他の肉でも可）、タマネギ、パプリカなどから作られる煮込み料理である。ドイツでは日常的に食べられる家庭料理で、食材や味もさまざまであり、町のレストランの定番メニューでもある**（巻頭口絵41参照）**。

ハンガリーのマジャール人が、放牧で自宅を離れるとき、昼食で自宅に戻る面倒を省くために出先で釜を作り、昼食用に作った「グヤーシュ」が起源である。簡単に作れるので、軍隊でも遠征地でよく作ったという。現在でもハンガリーを代表する料理の一つだが、主食ではなく、あくまでもスープとして食される。

マジャール人居住地以外にも、オーストリア、ドイツ、チェコ、ポーランドなどで食べられている。ドイツでは豚肉や馬肉、鹿肉などでも作ることがある。パプリカなどのスパイスをたっぷり使い、ビールで煮込むのが特徴で、家庭ではメインディッシュに使ったジャガイモが残ったときによく作られる。

私はハンガリーにもよく行くが、私感で言えば、ドイツのグーラッシュよりもハンガリーのグヤーシュの方がはるかに美味しい。というよりも、料理全体からしてハンガリー料理の方が美味しいのだが。

本場ハンガリーのグヤーシュ

ブレーマー・クラーベン

ブレーメンを訪れたら、絶対にブレーマー・クラーベンだけは食べて帰りたい。

ハンザ同盟時代の１５９３年には作られていたというブレーメンの銘菓である。見た目はシュトレンに似ているが、酒の風味はほとんどなく、粉砂糖もかかっていない。レーズンがまるで苦手な私もこのクラーベンだけはおいしくいただくことができる。

ブレーメンでせっかくクラーベンをいただくのなら、やはりゼーゲ通りにある１８８９年創業の老舗カフェ「クニッゲ」のオリジナルがいいだろう。お土産にしても喜ばれる一品だ。クニッゲの前では、子供たちが有名なブタ飼いの像にまたがって遊んでいる。

ブレーマー・クラーベン

シュニッツェル

シュニッツェルは、ドイツでは非常にポピュラーな肉料理であり、たいていどこのレストランにも置いてある。薄くたたいた仔牛の肉に、塩・胡椒、そして細かいパン粉をまぶし、ラードで焼いた料理である。衣が柔らかく、軽い口当たりのカツレツで、食べるときはレモンを搾るだけで、ソースはかけない。豚肉を使うこともある。

シュニッツェルの元はビザンチンのユダヤ人料理で、これが最初にスペインに伝わり、次いでイタリアのミラノに伝わった（コテレット）。そして後に、オーストリアのヨーゼフ・ラデッキー[★46]将軍が北イタリア遠征の際、コテレットの調理法をウィーンに持ち込み（ヴィエンナーシュニッツェル）、ウィーンの名物料理となったとする説がある。しかし、実際にはミラノ風コテレットはチーズの肉はさみカツレツであり、ヴィエンナーシュニッツェルとは違うものだ。

ドイツにこの料理が普及しているのは、オーストリアが同じドイツ語文化圏であり、食文化が流入しやすかったからであろう。

ハワイアントースト

ハワイアントーストとは、食パン上にハム、パイナップル、チーズを重ね、トースターでチーズがとけてパンがこんがりするまで焼いた軽食で、トースト・ハワイともいう **（巻頭口絵43参照）**。れっきとした「ドイツ料理」であり、ハワイにはこんなトーストはない。

ドイツでこの料理が流行ったのは、１９５０年代にテレビの料理番組で紹介されてからのことで、

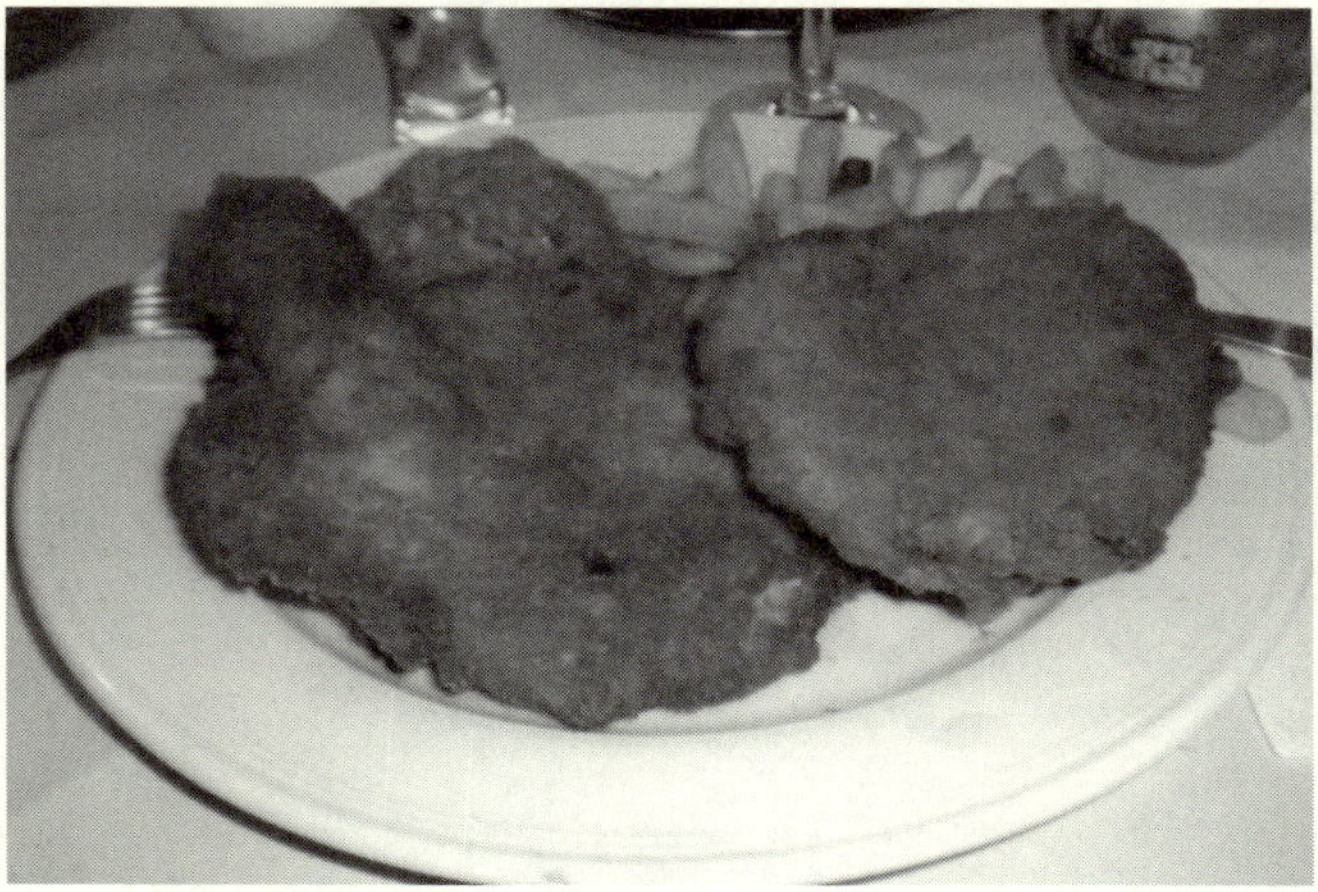

シュニッツェル

★46　ヨーゼフ・ラデツキー（1766～1858）
オーストリア軍人。ロンバルディア・ヴェネツィア王国総督。
ラデツキー行進曲は1848年、北イタリア独立運動を鎮圧したラデツキーを称えてヨハン・シュトラウス１世が作曲した。

以来、パイナップルが入っている料理はなんでも「ハワイ」という名前になったのだとか。また、80年代にはウィーンのカフェでも大流行して、朝食の定番になったという。

私は最初、これがドイツ料理であることを知らず、ランチでトーストを注文したときに、出されたのがこれだった。

第四部　人形・雑貨編

ドイツの人形と雑貨

まず、ドイツの人形は極めて高級なものと、いたって庶民的なものに大別される。マイセン窯で焼かれた磁器人形などは、私のようにぬいぐるみの類で喜び、遊び心で人形を楽しんでいる者には無縁の世界だ。

そうした世界は別として、ドイツにはかなり特異なキャラクターの人形が多い。本書で紹介しているマックスとモーリッツのヘアースタイルはおかっぱとチョンマゲのようだし、ペーターはあたかも全身に電気が走っているかのようである。また、同じネズミのキャラクターでも、アメリカのミッキーやイタリアのトッポジージョは色白で優しく、子どもの目線で作られているが、ドイツのメッキは色黒のハリネズミ、しかもヘビースモーカーで大酒のみ。しかし、私はそのメッキが好きなのだ。こうしたところにも何となく、ドイツ人の気質が感じられるのではないだろうか。

次に雑貨を見てみよう。ドイツには昔からタイプライターや扇風機、あるいはミシンなど、優れた工業製品が多かった。しかし、これらは現在では古き良き時代を懐古するアンティーク品として売買されている。だから部屋の飾り物として置く外はない。私が収集しているものは安価なカップ＆ソーサー、コルクスクリュー、コーヒーミル、ワインテスター、それにオペラグラスなどの、いわゆる「小物」である。しかし、小物だからといって馬鹿にしてはいけない。そこには世界でも稀なるドイツ人の優れた感性と技術が凝縮されているのである。本章ではそのすばらしい作品群の一部を紹介していく。

マックスとモーリッツ　Max und Moritz

ある年、あるドイツ人女性に連れられて環境モデル都市として世界的に知られているフライブルクの町を歩いた。それ以前にも、友人のスタペル氏に何回かこの町を案内されてはいたが、この時のことだけは今でも鮮明に覚えている。中央広場の教会の周りで商売をしている花売りや、路地を流れるベッヒレ（小川）を見ながら町をぶらぶらしていると、小さなアンティークショップに出合った。それまで西洋骨董にさほど興味のなかった私は、暇つぶしのつもりでショップに足を踏み入れた。古い家具や絵画、あるいは陶器を中心に置いているのはどこのアンティークショップも変わらない。この店で唯一、私の関心を引いたのは、小さなガラスケースに無造作に並べられている小物類である。目を凝らしてのぞき込んでいると、ケースの中の二人の少年がニコニコしながら私に何か挨拶をしている。よく聞くと「僕たちを買っていってください」と言っているのだ。私はこの少年たちのことは全く知らなかった。本当に偶然の出合いである。店員に二人の少年をガラスケースから出してもらった。二人はワインのコルク栓で真鍮《しんちゅう》の台座に仲良く並んでいる（**巻頭口絵44参照**）。雰囲気抜群で、迷わず購入した。代金を支払っていると、同行した女性が「この二人のことを知っていますか」と聞いてきた。「いいえ」と答えると、「これはマックスとモーリッツといって、ドイツでは知らない人がいないほど有名な絵本の主人公なのよ」と教えてくれた。ドイツでは有名でも、日本では聞いたこともない。そこで、さっそく書店へ行ってその二人の絵本を購入した。マックスとモーリッツコレクションの始まりである。今では書棚が二人の関連グッズで埋め尽くされている。

ドイツでは知らない人がいないほど有名な絵本、『マックスとモーリッツ』。主人公は二人のいたずら少年。次から次へと痛快ないたずらをして周りの大人を困らせるという物語で、7つの章から構成されている。たとえば、四番目のいたずらは次のような内容である。

生真面目な先生が教会でオルガンを弾いている間に、マックスとモーリッツは先生の家に忍び込んでお気に入りのパイプに火薬を詰めておく。先生が火をつけるとパイプは爆発して先生は気絶し、顔は真っ黒に煤《すす》けて、髪の毛はみんな燃えてしまう。

最終章では、穀物の麻袋を切るイタズラをしていた二人が、水車小屋で挽かれて粉にされ、最後はガチョウに食べられてしまうという悲しすぎる結末になっている。

この絵本が最初に出版されたのは1865年。作者のヴィルヘルム・ブッシュ（Wilhelm Busch）はもともと新聞に掲載する漫画を描いていた漫画家で、また、風景画を得意とする油彩画家であり、さらに詩人でもある。そのため文章は、全編にわたって韻を踏んだ対句で構成されていて、軽快である。

『マックスとモーリッツ』は、綺麗な詩と楽しい絵で子どもたちに親しみを持たせながら、教訓を与えるように意図された児童文学だ。作者ブッシュの皮肉は、いつもいたずらの犠牲者にだけ向けられているので、幼い読者でも安心して楽しむことができる。しかも、いたずらや悪さぶりがあまりにも非現実的なため、子どもたちがマネをするおそれはなく、おそろしい結末に気分が重苦しくなることもない。

この物語は100以上の言語に翻訳されていて、日本では岩波書店から出版されている。また、オリジナルのドイツ語版もほるぷ出版から出ており、ドイツ文学やドイツ語を学ぶ学生の絶好の参考書となっている。ちなみに、『マックスとモーリッツ』は明治時代にすでに『腕白物語』として日本でも発刊されていた。

ヴィルヘルム・ブッシュが少年時代に過ごしたエバーゲッツェンにはヴィルヘルム・ブッシュミュージアムがあり、スケッチ画や『マックスとモーリッツ』の原画などが見られる。また、彼が一緒に遊んだ幼なじみの粉屋の息子の実家が水車小屋として残っている。なお、ハノーバーのヘレンハウゼン王宮庭園にも、ヴィルヘルム・ブッシュ美術館がある。

メッキ

メッキは、フェルディナンド・ディールによって作られたハリネズミのキャラクターである。私とメッキとの出合いはドイツではなく、日本だった。自宅の近くにある骨董屋で、5センチほどの小さな人形を見つけた。この人形は口が小さく空いており、そこに「こより」に似た特製のタバコを差し込み火を付けると、断続的に煙を吹き出すという仕掛けになっている。このタバコの包み紙に描かれていたのが、メッキであった。しかし、その人形はメッキではなく、不良少年のような容姿であった。私は包み紙に描かれているメッキが無性にほしくなった。ドイツの友人にいろいろと探してもらったが、旧東ドイツ製のようで、入手できなかった。すっかりあきらめていた２００８年夏、ベルリンに在住する私の武術の門人シュレーダー氏が、このスモーキングメッキを見つけ出してくれたのである。今は書棚に大切に飾られ、時折タバコを吸っている**（巻頭口絵45参照）**。

メッキの作者、フェルディナンドは2人の兄弟と共に映画製作会社を設立し、１９３７年にグリム童話原作の『七羽のカラス』を公開した。この映画は映像の美しさとアニメーションの見事さは賞賛されたが、テンポがあまりにスローであると批判された。そして、同年に公開された短編『ウサギとハリネズミの競争』で、初めてハリネズミのメッキが登場した。フェルディナンドは１９８５年に「われわれは少なくとも１０００体の人形を作った。しかし、成功したのはメッキ一匹だけだった」と語っている。実際、このハリネズミは戦後になってヒーローとなった。

メッキは、昔から少しも変わらない赤のギンガムチェック柄のシャツに継ぎはぎのズボンと紐のベルト姿が特徴で、大変なヘビースモーカー。ベルトにはいつもパイプをはさんでいる。おまけに酒も嗜む。そして、中国やアラビアなどを歩き回る冒険家でもある。ディズニーのミッキーマウスとは全く対照的なキャラクターなのがいかにもドイツらしい。

メッキのファミリーは、妻のミッキと二人の子ども、ムッキとマッキの4人家族である。人形メーカーの大御所シュタイフ社では、１９５１年からメッキファミリーのぬいぐるみを生産している。そして、当然のことながら、我が家の居間には大小さまざまなメッキファミリーが同居している。

フンメルドールとゲーベル社

私はもともと人形などに全く興味はなかった。しかし、ドイツとお付き合いをするようになってから、いつのまにか部屋が人形で賑わうようになった。マックスとモーリッツ、メッキ、４７１１のベアー、それにエーベルバッハのイノシシなどなど……（巻頭口絵46参照）。

あるとき、たまたま立ち寄ったルーデスハイムの土産物店で、ショーウインドーを埋め尽くしているフンメルドールを見た。当時すでにマックスとモーリッツの飾り物をコレクションしていた私は、このシリーズにもマックスとモーリッツが必ずあるだろうと思い、店員に尋ねたところ、それはやはり存在した。残念ながら現品はなかったが、カタログを見せていただき、その姿形と顔を記憶した。フンメルドールは何でもかわいらしく表現するので、実際のマックスとモーリッツとは似ても似つかない姿をしている。これがマックスとモーリッツである、と言われていなければ、だれもそうは思わない。事実、私がこれを買ったフランクフルト空港の売店員でさえ、ウインドーに飾られていたマックスとモーリッツを見て「それは違いますよ！」と言った。私はそれがマックスとモーリッツであることをカタログで確認していたので、店員に出してもらった。ちゃんと「Max und Moritz」のシールが貼ってある。一番驚いたのは、当の店員であった。

さて、フンメルドールを作っているゲーベル社（Goebel）は、バイエルン北部のコーブルク近くにあり、１８７１年創業の世界的に有名な一流陶器メーカーである。

１９３５年に、ズィーセン修道院の修道女だったマリア・イノセンティア・フンメルのデザインを基に、フンメルドールの製造を開始する。その後、ライプツィヒの見本市で最初に紹介した50種類の人形が大好評を博し、一躍世界にその名を知られるようになった。

しかし、70年以上にわたってドイツの陶器製人形界をリードしてきたゲーベル社も、近年は販売不振に陥り、２００８年にフンメルドールの生産を中止した。

ベルタ・フンメルは１９０９年、ババリア地方に生まれた。少女時代から芸術の才能がずば抜けていたフンメルは、ミュンヘン芸術応用アカデミーに入学して抜群の創造力を発揮し、その将来を嘱望されていた。しかし、芸術分野で優れた業績をもっていたズィーセン修道院の尼僧たちの影響を受け、１９３１年にアカデミーを卒業後、修道院に入った。そこでマリア・イノセンティアと名前を変えた彼女は、当時財政難に苦しんでいた修道院の収入を助けるべく、自ら描いた絵を展示・販売した。少女時代の思い出や遊ぶ子供たちを描いた魅力的なポストカードが、フランツ・ゲーベルの目にとまり、絵の中の子どもたちはフンメルドールとなったのである。彼女は、37歳で短い生涯を終えた。

ご当地グッズ

旅先では家族や知人に土産を買うのと同時に、自分自身にも思い出になるような、ちょっとした品物がほしいものである。

黒猫と裸のおしりの置き物

日本では、「通行手形」や今ではほとんど見かけなくなった「ペナント」をよく買ったものだ。今では、Tシャツやマグカップなどが人気である。キーホルダーは古今東西、どこへ行っても売っている。

結局のところは自分の趣味と興味で選べばいいのだが、私の場合、ドイツ旅行では「食べる」と「飲む」が一番重要な要素となるので、ワイン産地で求めたご当地グッズを二つ紹介する。ともにモーゼル河畔の土産物店で購入した。

写真の左側は、ツェラー村の黒猫「シュヴァルツェ・カッツ」の小さな置物である。ワインボトルのエチケットに描かれている黒猫と同じように、こちらを見て威嚇している。右側はクレーフ村で求めた裸のおしり「ナックトアーシュ」の陶器製の人形である。こちらもワインボトルに貼られているエチケットの絵と同じである。

ドイツのご当地グッズといえば、ゾーリンゲンのナイフやマイセンの陶器が有名だが、有名であるがゆえに高価だ。私はそのようなものにはほとんど興味がなく、小さな土産物店で売っている安価で可愛らしい品物が好きである。

からくり人形コルク

ドイツの木製人形といえば、「クルミ割り人形」と「煙だし人形」が有名である。ドイツの観光地へ行けば、たいていどこでも簡単に入手できる。だからここでは少し変わった木製人形を紹介する（**巻頭口絵50参照**）。

前の二つ（ワイン樽に入ったテディベアのワインコルク）と左側二つ（マックスとモーリッツのシルバーコルク）は本項とは関係がない。アーチ式のコルク飾り台に並んだ右四つの木製人形がお題の「からくり人形コルク」である。いずれも背中に手動のレバーが付いており、それを下げるとからくりが作動するようになっている。一番右側はレバーを下げると黒いハットを取って挨拶をする。右から二番目は受話器を耳に持ってくる。三番目は太鼓を叩く。一番左側は二人がキスをする、というものだ。ちょっとしたドイツ人の遊び心である。

これらのコルクも入手は難しくない。大きい土産物店に入れば、簡単に見つけることができるだろう。

もじゃもじゃペーター Struwwel-Peter　その2

フランクフルトの町中で妙な噴水に出合った私は、さっそくその題材となっている絵本と人形を入手した（**巻頭口絵52参照**）。

『もじゃもじゃペーター』は前述した『マックスとモーリッツ』と同じように、韻を踏んだ文章による挿絵付きの10話で構成されている。どの話も、子どもの不品行とその結果として起こる悲劇の顛末が誇張された表現で描かれ、最初の話の題名がタイトルとなっている。

１９４１年にイギリスで発表されたパロディ『もじゃもじゃヒトラー』では、アドルフ・ヒトラーがもじゃもじゃペーターのように戯画化されている。

『もじゃもじゃペーター』の10作のタイトルは、次のとおり。

第１話　もじゃもじゃペーター
第２話　悪坊主フリードリッヒの話
第３話　とても悲しい火遊びの話（少女が両親の留守にマッチで火遊びをすると、自分に引火して焼死してしまう。近くにいた2匹の猫がそれを見て池ができるほど泣き続けたという話）
第４話　真っ黒小僧たちの話
第５話　乱暴な狩人の話
第６話　指しゃぶり小僧の話
第７話　スープ・カスパーの話

第8話　じたばたフィリップの話
第9話　ぼんやりハンスの話
第10話　空を飛んだローベルトの話

オリジナルのドイツ語版の第3話に「ミンツ」と「マオンツ」という2匹の猫が登場するが、噴水の像は実際に目から水を放出しており、正に「猫の目にも涙」である。それぞれの話に興味のある方は、日本のいくつかの出版社から訳書が出ているのでご一読をお勧めする。

ちなみに昭和11年に『ぼうぼうあたま』（伊藤庸二訳）のタイトルで、初版が発行された翻訳本では、第一話が次のような八五調になっている（財団法人五倫文庫発行）。

ぼうぼうあたま
おもしろいはなしと　おかしなえ
ぼうやはよいこじゃ　なにもろう
たいこにてっぽに　おうまさん
じょうちゃんはよいこじゃ　なにもろう
おはなにおかさに　おにんぎょさん
ましろいおべべに　きんのかみ

『もじゃもじゃペーター』10作に登場するキャラクターがデザインされたフランクフルトの噴水

おほしさまの　おつかいが
おみやげたくさん　てにもって
きょうもおうちへ　まいります
ちょっとごらん　このこども
ちぇっ！　ストルーベルペーターめ
りょうほのおてに　ながいつめ
いちねんにねんも　きらせない
かみもぼうぼう　きらせない
ちぇっ！　きたないペーターめ

ババリアの名窯《めいよう》

ドイツ南部のババリア（バイエルン）地方は、古くから陶器の産地として知られている。その中でもミッタータイヒは、有力な陶器メーカーの一つである。

１９１８年に創業し、高品質でデザイン性の高いテーブルウエ

「Galler」の文字が入ったミッタータイヒ製の
デミタスコーヒーカップ＆ソーサー

アをたくさん世に送り出してきた。欧米ではコレクタブルとして人気が高く、20世紀前半のものは、かなりの高値で売買されている。しかし、これほどの会社も時代と景気の波には勝てなかった。2004年8月に破産手続きを開始。会社の再建はうまくいかず、2005年に工場は閉鎖されてしまった。

ここに紹介するミッタータイヒ製のデミタスコーヒーカップには、ベルギー王室御用達のチョコレート店「Galler」（ガレー）の文字が入っている。ガレーがミッタータイヒに製造を委託していたのであろうか。このカップはアンティークで、詳細は不明である。

一方、今は無き1838年創立のティルシェンロイト社は、ボヘミアの森沿いの閑静な街ティルシェンロイトが誇る貴族的作風を得意とする名窯である。1927年にフッチェンロイターの傘下に入ったが、数十年前までティルシェンロイト・ブランドを使用したまま、東ババリア地方で、その装飾性のある高品質な製品を作っていた。

ティルシェンロイトのデミタスカップ＆ソーサー

ジャガー社の目覚まし時計

ポップなデザインで知られるジャガー（Jerger）社のゼンマイ式目覚まし時計である。唐草模様があしらわれた文字盤が見やすいのが特徴で、頭に耳のような二つのベルが付いた独特のデザインが人目を引く。本体の裏側にはジャガー社のマスコットであるジャガーの刻印がある。ドイツが得意とする赤銅と黄銅の色調が何とも言えない味を醸し出している。

このデザインの時計は、どこに置いても様になるから不思議だ。重厚なアンティークではなく、レトロポップな雰囲気を活かして気軽に置ける時計である。

今では性能がよく安い時計がいくらでもあるが、狂うことがあまりないため、手に触れることもなく味気ない。時計だけではない。あらゆる「もの」に対する思い入れが希薄になってしまっている。だから古くなると捨ててしまう。ゼンマイ式の古時計は巻かなければすぐに止まってしまうので面倒ではあるがが、愛着が湧く。

スカイジャンパー

私の部屋に、もう十年以上も前から天井からバネでビヨ〜ンとぶら下がったオモチャがある。ローテンブルクの雑貨屋で見つけたこの妙なオモチャは「スカイジャンパー」という。バネの力で大きく上下する愉快なオモチャで、チェコで作られる木製人形が有名らしい。

一方、ローテンブルクのスカイジャンパーはブリキと針金で作ったもので、大人でもかなり楽しめる**（巻頭口絵49参照）**。特にグライダーやモーターグライダーが人気のようである。下に引っ張って手を離すと、空気抵抗を受けてプロペラが回転する仕組みになっている。

これがローテンブルクの定番土産かどうかは不明であるが、他の町ではほとんど見たことがない。ローテンブルクへ行ったら、本書で紹介しているシュネーバルやフランケンワインをいただくのもいいが、記念としてこうした飾り物を買って帰るのも一興かもしれない。

4711

ゲーテやワーグナーなど、歴史に名だたる貴族たちに愛され続けたオーデコロン、「4711」。それから200有余年、世界的なフレグランスへと成長した今も、「香りで暮らしを豊かにする」という精神に変化はない。

１７９２年10月８日のこと。ミューレンス社の創始者であるウィルヘルム・ミューレンスは、ケルンのグロッケンガッセで結婚のお祝いとして修道士から１枚の羊皮紙を授かった。そこに記載されていた処方にしたがって製造したのが「アクア・ミラビリス（不思議な水）」。世界初のオーデコロン「４７１１オリジナル」の誕生である。アクア・ミラビリスの発売から４年後、ナポレオン軍のドイツ占領により駐留したドーリエ将軍は、フランス軍の混乱を防ぐために、ケルンの全ての建物に番号を表示する命令を発した。その時、ミューレンスの仕事場の番号が「４７１１」だった。彼らはミューレンスが創りだした不思議な水を〝オーデコロン（ケルンの水）[★47]〟と名付て家族や恋人の元へ送り、フランスから全ヨーロッパへ、さらには世界中へと広がっていった。

ケルンのグロッケンガッセでは、それから２００年以上の年月が経過した現在も、当時と同じ場所に「４７１１」の店が建っており、今なお天然の植物素材だけを使った当時の製法に基づいてオーデコロンが作られている。まず、さわやかな印象を与えるシトラスのエッセンス・オイルをトップノートに、クリアな少量のローズマリー、甘いラベンダーなどをピュアアルコールとケルンの水で調合し、さらに香りを熟成させるために、上質な樽の中で４ヶ月間の熟成を行う。その後、創業時から企業秘密とされている最終工程を経て、最上のオーデコロンが完成するのである（**巻頭口絵48参照**）。

この「４７１１」とモーゼルの名醸「カルトホイザーホフ醸造所」との意外な関係は、ワインの項をお読みいただきたい。

★47 ケルンの水
　ドイツ語では「ケルニッシュ・ヴァッサー」という。

KyM社製コーヒーミル

アンティークコーヒーミルでコレクターに人気があるのは、ドイツのザッセンハウスとフランスのプジョーであろう。この二つのメーカーについては、今さらここで説明をしても仕方がない。本書はその一つ下のクラスを紹介する。ザッセンハウスの人気に隠れてしまい、あまり知られていないドイツのコーヒーミルメーカーはいくつもある。

その代表格が20世紀前半にザッセンハウスと競うように生産された名門企業ＫｙＭ（Kissing & Möllmann：ＫＹＭと綴ることもある）社のコーヒーミルである。すでに倒産してしまったメーカーだが、その品質ではヨーロッパのコーヒー通の間で伝説になりつつあるモデルがたくさんある。

ＫｙＭ社は、かつて鉄の町として世界的な名声を誇ったイザローン市に設立された会社で、かわいいラクダのトレードマークが人気だった。１８２０年代の創業当時はランプを作っていたが、その後コーヒーミルの製造に転換し、１９８０年頃まで続いた。現在では、オリジナル製品は入手困難となっている。

コーヒー通にファンが多いドイツ製コーヒーミルの中で、Ｋ

KyM社製コーヒーミル

yM社の製品は特に頑丈にできており、刃と本体の堅牢さが長期使用を可能にし、半世紀以上を経た今日でも、多くのミルが現役で使用されている。

アンティークコーヒーミルは、コレクションアイテムとして人気があり、日本のアンティークショップでも見かけることがある。その形や材質などから飾り物としてもとてもおしゃれで、特に数十年の時を経て飴色に変化した木肌や木目は十分な存在感がある。ドイツのアンティークマーケットへ行くと必ず目にすることができるので、現地での購入をお勧めしたい。

コルクスクリュー

ワインボトルのコルク抜きのことをコルクスクリューという。アンティークのコルクスクリューは、欧米で非常に人気のあるコレクションアイテムである。ロンドンにはコルクスクリュー専門のアンティークショップがあるほどだ。ワイン愛好家なら、その小道具にも凝りたいもの。大量生産された新製品なら銭さえ出せばいつでも買えるし、希少価値もない。やはりアンティークの一点物をコレクションしたい。私のコレクションも気が付けばものすごい数になってしまった。

産業革命を経て、欧州各国の機械工業の水準が向上し、それに加えてテーブルマナーの形式化が進み、さらに19世紀におけるデコラティブアート（装飾美術）の普及により、欧州各国とアメリカとが競って様々なモデルのコルクスクリューを作り出した。それらがコレクターたちにとって垂涎《すいぜん》の的になっているわけである。

ほとんどのコルクスクリューには国名や社名の表示はなく、実際のところ、それがドイツ製であるという確固たる証拠はない。そこで「ドイツのアンティークショップで購入した、いかにもドイツらしい」コルクスクリューを紹介する**（巻頭口絵51参照）**。

コルクスクリューにはいくつものタイプがある。写真左の犬の顔を彫刻したものは私のお気に入りで、フレームの部分に小さな鈎《かぎ》が付いており、栓抜きを兼ねている。中央はストレートプルタイプと呼ばれるもので、その名のとおり、真っ直ぐ腕力で引き抜く最もシンプルなタイプである。手軽に買えるものが多く、コレクションを始めるには最適なタイプだ。T字型が基本型で、その形からT-shapeとも呼ばれている。右側はパーペチュアルと呼ばれているタイプで、特殊原理によってコルクが上昇してくる仕組みになっている。デザインは洒落た馬蹄をあしらっている。

大どろぼうホッツェンプロッツ

この物語の主人公ホッツェンプロッツは、つばひろの帽子をかぶり、もじゃもじゃの黒ヒゲとすごい鈎鼻の大どろぼう。悪党で乱暴者だが、生来のお人好しで間抜けな性格が憎めないキャラクターとなっている。物語は彼と、冒険心いっぱいの少年ゼッペル、そしてゼッペルの親友カスパールの三人を中心に進行していく。

ある日、おばあさんのコーヒーミルがホッツェンプロッツに盗まれた。コーヒーミルを取り戻そうと、ゼッペルとカスパールはホッツェンプロッツの隠れ家を探す。少年たちとどろぼうの知恵比べが圧巻で、全編がハラハラドキドキの連続。また、魔法使いが棲んでいる不気味な森が、なんともスリルたっぷりで読み応えがある。

この第一作に続いて第二作の『大どろぼうホッツェンプロッツふたたびあらわる』、第三作の『大どろぼうホッツェンプロッツ三たびあらわる』がある。

この大どろぼうホッツェンプロッツの人形はなかなか見つからず、ようやく現地で小さなフィギュアを購入した（**巻頭口絵47参照**）。安価なものだったが気に入っている。

チューリンゲンの至宝

ワイマール憲法発布の地として世界的に知られているワイマールは、ゲーテ、シラー、バッハなど多くの世界的文化人を輩出したこ

ワイマール社のカップ＆ソーサー

とても有名である。ゲーテは恋人の家に通う途中、チューリンゲンの至宝ワイマール製陶工場に立ち寄り、市民の前で「ワイマールの白磁製品は高品質で他を圧倒しており、価格面でも非常に魅力的である」と評価している。

ワイマール社は「ワイマールローズ」に代表されるように、バロック及びロココ調の伝統に、新しい感覚を吹き込んだ。高度な白磁製造技術と絵柄技術で世界的に高い評価を受けており、世界のトップ3に数えられるメーカーの一つでもある。天皇、皇后両陛下が1993年に訪独された際に、献上品とされる栄誉に浴した。

フッチェンロイター

高級な陶磁器の製作は王立窯でしか許されていなかったドイツのバイエルン地方で、1822年、初めて民間の窯として磁器製造の許可を得た工房である。カルル・フッチェンロイターによる1814年の創業から官許に至るまでに、8年の歳月を要した。バイエルン王から許可を得るために、「いかなるものより優れた品質のものを作ること」を誓い、その誇りと証がラ

フッチェンロイターの「メドレー」

イオンのバックスタンプに込められている。マイセンの伝統的な様式を受け継ぐとともに、時代に適応した新しいデザインも積極的に採り入れ、高い評価を獲得している。

紹介したカップ＆ソーサーは、地中海の海と太陽の光をイメージした「メドレー」。耐久性や実用性を重んじ、しかも手頃な価格が主婦層から厚い支持を受けている。

ローゼンタール

１８７９年、フィリップ・ローゼンタールがドイツ南部バイエルン州のエアカースロイト城に絵付け工房を開いたのが、ローゼンタールの始まりである。１８９１年に良質の磁器を求めてゼルプに工場を移し、歴史と伝統に支えられたマイスターの技と近代的な生産設備により、ドイツを代表する磁器メーカーへと成長した。

１９６０年代には、デザイン重視の方向で動き出した。各国の優れた画家やデザイナーたちの創造性あふれるデザインの中から厳選するという審査会システムを導入し、芸術性と実用性

ローゼンタールのカップ＆ソーサー

の融合を求める斬新なスタイル（＝ローゼンタール・スタジオライン）を生み出した。

１９９７年にアイルランドの陶磁器メーカー、ウォーターフォードの傘下に入ったが、同社の経営破綻のあおりを受け、２００９年にバイエルン州の裁判所に破産手続きの開始を申請した。

ビレロイ&ボッホ

ビレロイ&ボッホは最高のくつろぎと安らぎをモットーに、日用食器として高い評価を受けている。創業は１７４８年で、当時フランソワ・ボッホと３人の息子たちは、フランスロレーヌ地方の小さな村で陶器製造業を営んでいた。後にルクセンブルクに移り、ハプスブルク家の女帝マリア・テレジアの手厚い保護を受けたことで、１７６７年から王家御用達として発展していった。さらに１８３６年には、同業者のビレロイ家と合併してドイツに本社を置いた。以後、いち早く機械化と量産設備を整え、マイセン、ロイヤルコペンハーゲンに並ぶ世界三大陶磁器メーカーの一つとなった。

ビレロイ＆ボッホのカップ＆ソーサー

気品と優雅な雰囲気を残しながら、先進的な技術を採り入れ、実用性を重視している。

運送会社のアドバタイジングキャラクター

運送会社レーマンが１９７０年代に製作したアドバタイジング（マスコット）キャラクター。腹部に見られるＬＫＷというのは Lastkraftwagen（ラストクラフトワーゲン）の略でトラックを意味しているが、同じキャラクターでも腹部に Brummi と印刷されたものもある。Brummi（ブルンミ）とはトラックの愛称である。

裏にプルバックモーターがついていて、後ろに引っぱると前進するという、いかにも運送会社らしいアイデアである。ずんぐりとした体型もトラック運転手らしくて可愛い。

アドバタイジングキャラクターの歴史は、１９３０年代に誕生したタイヤメーカーのキャラクターが始まりとされている。以後、各社がさまざまなキャラクターグッズを販促品として出しているが、製造年代ごとにその時代を反映した多くの種類が存在する。

イエナグラス

バウハウス（1919年にドイツに設立された世界ではじめてのデザイン学校）の理念をもとに誕生し、デザイン性と機能性を兼ね備えた耐熱ガラス食器のブランドとして有名なイエナグラス（Jenaer Glas）のアンティークカップ。カップ底にJENAer GLAS SCHOTT MAINZと記名されている。模様がかわいい真鍮製の受けがついているのが私のお気に入り。

イエナグラスといえばドイツではそのまま「耐熱ガラス」をさす代名詞になっている。イエナの歴史は1879年までさかのぼり、1887年には耐熱ガラスの開発をすでに始めていた。その技術力と名前が世界的に広まったのは、1894年の白熱灯シリンダーの開発による。家庭用品の生産は1918年から始まり、今日まで多様な商品を送り出してきた。

第五部　アンティーク・コルクスクリュー

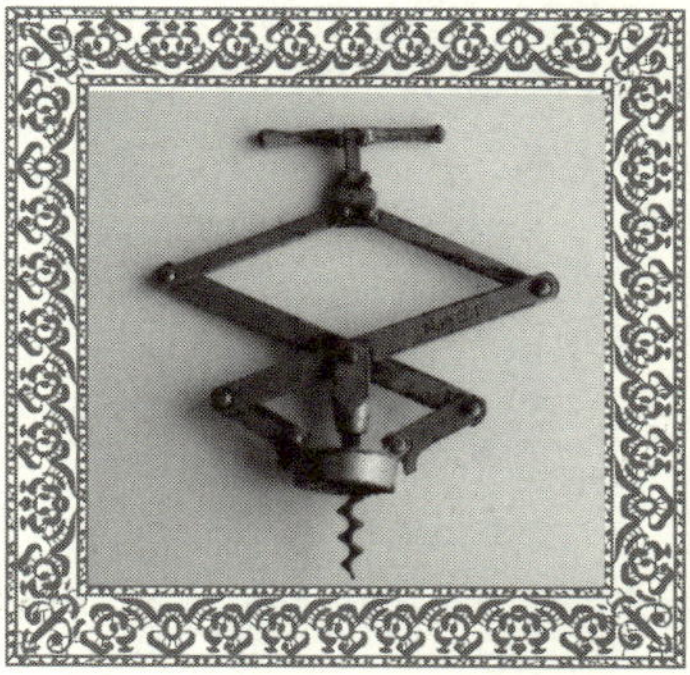

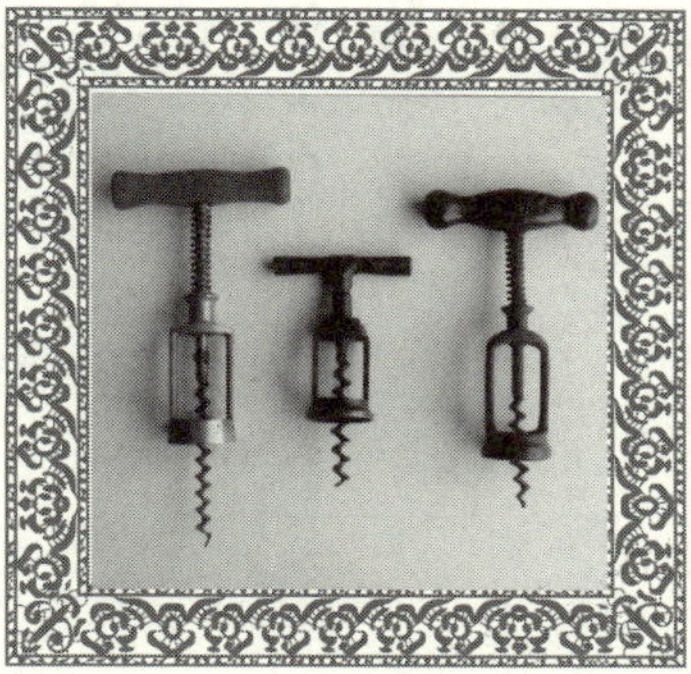

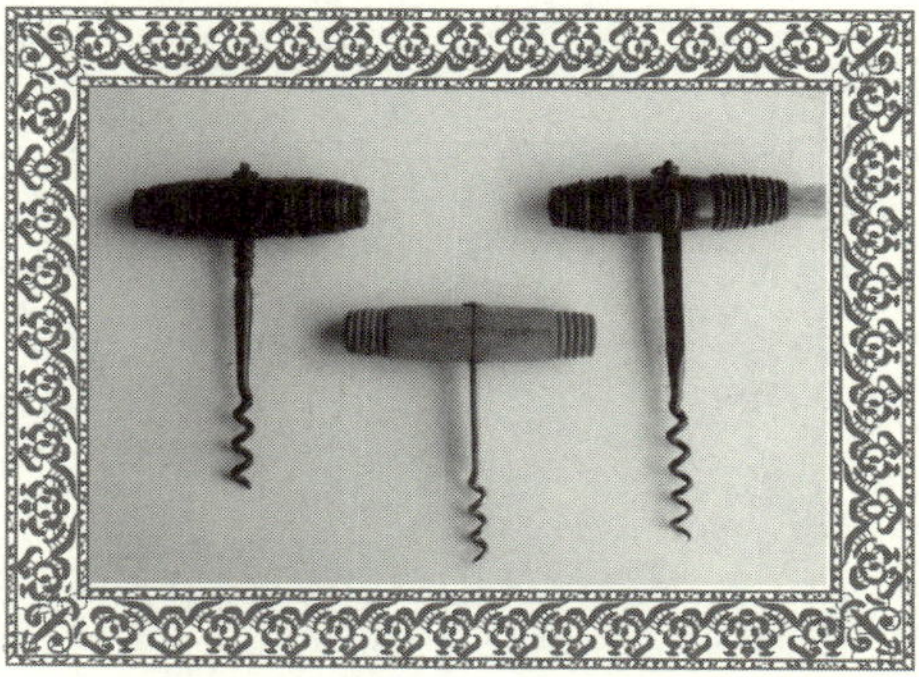

アンティーク・コルクスクリュー

私がドイツのアンティークショップでもっとも多く購入したのがコルクスクリュー（ワインの栓抜き）である。公開する機会も少ないので、特別に章を設けてコレクションの一部を紹介する。

ストレートプルタイプ

その名の通り、腕力にたよって真っ直ぐ引っ張って抜く最もシンプルなタイプである。それでもちょっとした工夫で特許を取っているものがあり、デザインの種類も豊富だ。手軽に買えるものが多く、コレクションを始めるには最適なタイプである。

T字型が基本型で、その形からT-shapeとも呼ばれている。ハンドル部分が凝った装飾になっているものや、動物の骨や角といった特殊な素材を使っているものなど、これだけでもバラエティーに富んだコレクションができるほどの種類がある。

■木製ハンドル

指が引っ掛かりやすいように括《くび》れを持つものが多い。シンプルであるが、時代を帯びた黒光りするハンドルがいい感じを出している。

ハンドルが樽型になっている3つのタイプも、いかにもトラディッショナルな雰囲気が漂い、コレクターにも人気がある。

■金属製ハンドル

単調であるが、それぞれが個性を持っている。中央上段のものが私のお気に入り。

■虫眼鏡スタイル

ハンドル部分が大きな環になっているタイプ。写真の4つはそれぞれ異なるデザインで、趣がある。

■小振りタイプ

非常に小さくて、あまり実用的とは思えない。ハーフボトルには向いている。

■特別な材質のもの

ハンドルは一般的には木製で、バレルという樽のイメージの彫りが入っているものが19世紀ものの特徴であり、風格もあってコレクターには愛されているが、中には変わった材質のものもある。ヨーロッパではワインはイノシシやシカなど、ハンティングの獲物の料理との連想が強く、こうした動物の角や牙をハンドルに使ったものが少なくない。自分が撃った獲物の牙で職人にコルクスクリューを作らせるといったこ

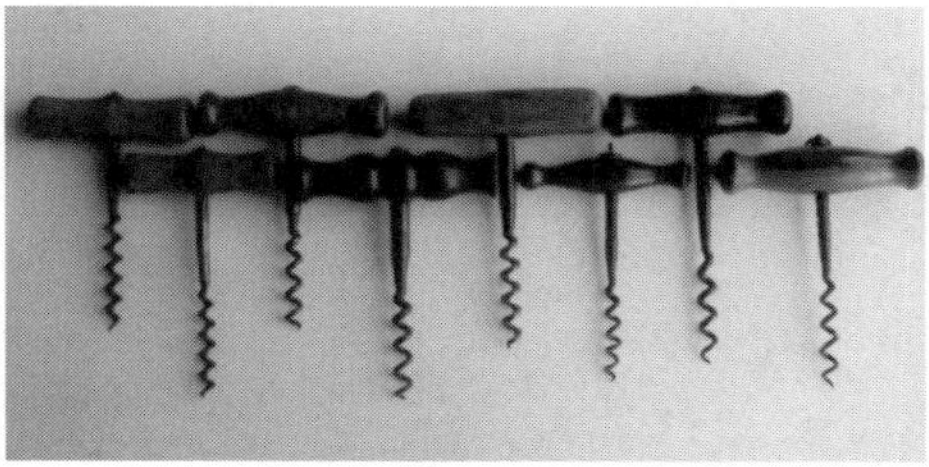

木製ハンドル

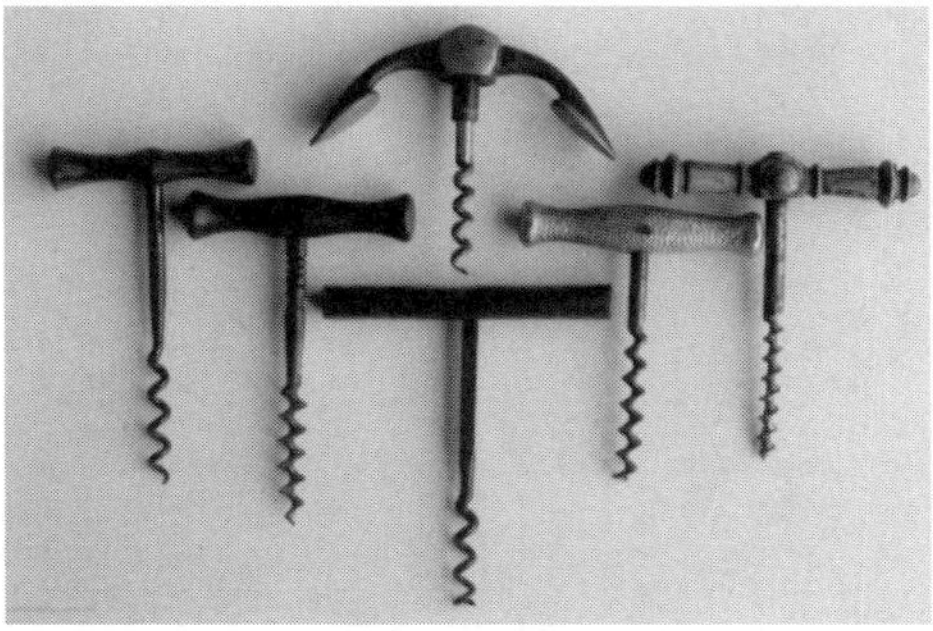

金属製ハンドル

ともかつてはよくあった。

紹介したものは鹿の角と思われる。あまり好みのタイプではないので、これ1点しか持っていない。

■指掛けタイプ

ハンドルのところが3本指とか4本指で引っ張りやすくなっているこのデザインはけっこう古く、18世紀には存在していたという。

非常にシンプルな形態をしているが、なんとなく犬やカモメに見えて、私の好みのシリーズとなっている。鉄味がなんとも言えない。栓抜きと麻紐で繋がっている中央の大きいものは日本製である。

■鍵型タイプ

ワームを収納する鞘《さや》の部分も含めて、鍵のデザインのコルクスクリューはよくある。こういうデザ

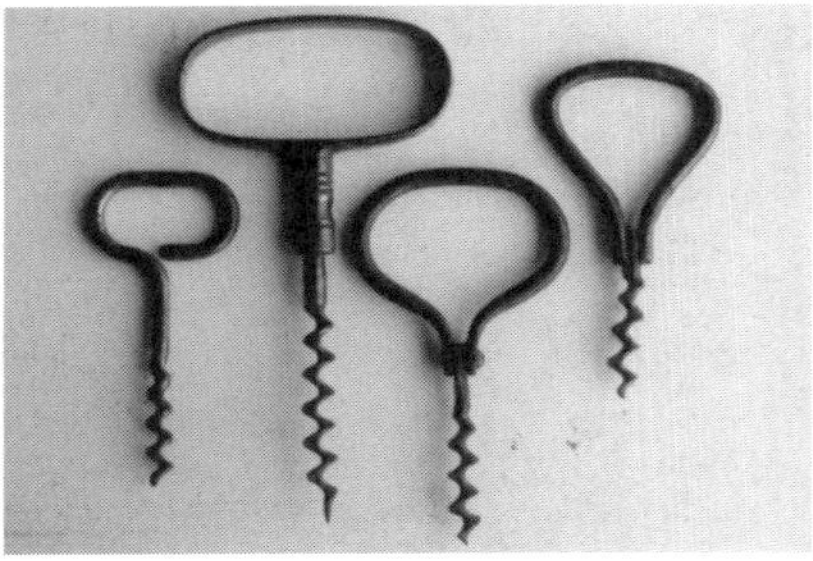

虫眼鏡スタイル

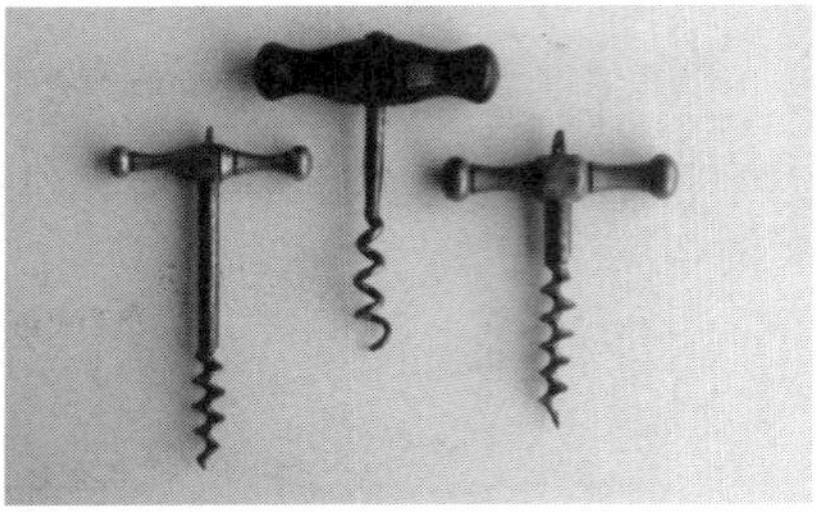

小振りタイプ

特別な材質のもの

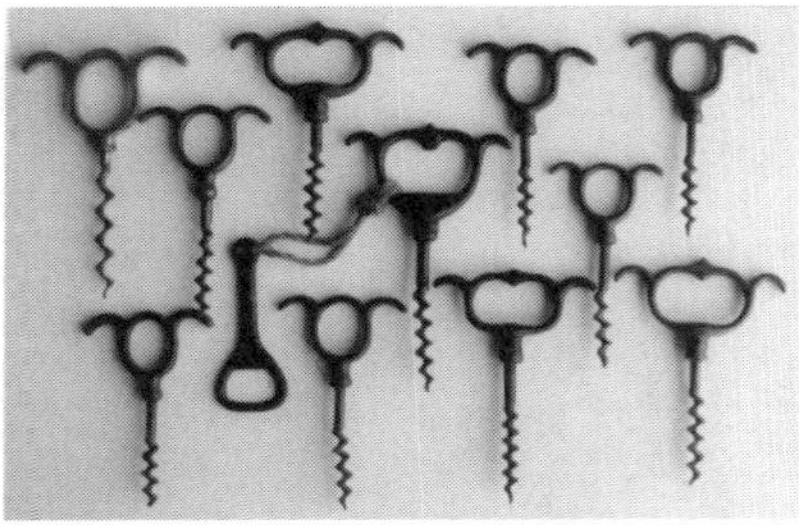

指掛けタイプ

インのものは英国やドイツで多く作られている。収納された状態ではコルクスクリューには見えないが、鍵の手元の部分が指に引っかけられるところは、実用的になっている。

■フィギュアもの

ハンドルの部分が動物や人の形になったものをフィギュアと呼び、種類も豊富である。中でも犬が一番多く、ネコやサル、ゾウなどもある。犬が一匹デザインされたものが一般的で、テリア系の犬のデザインが多い。仕組みは単純なストレートプルと同じだが、手で握ると犬の背中の部分と後足の後ろ側のところにちょうど指が引っかかって力が入りやすくなっている。

ハンドルの部分がさまざまにデザインされたブラストップのストレートプルは英国では極めて一般的なコルクスクリューの一つである。古くは家の紋章などがデザインされていたが、19世紀末頃からはカンタベリー大聖堂やエジンバラ城などの名所旧跡をデザインした土産物として一般化した。

写真右上のものは鷲をデザインしてあり、「CALVET」の刻印がある。その下3点が犬をデザインしたもの。中央は王冠をデザインした紋章。その左2点は人物像、一番左はフクロウがデザインされていて、ハンドルが栓抜きになっている。

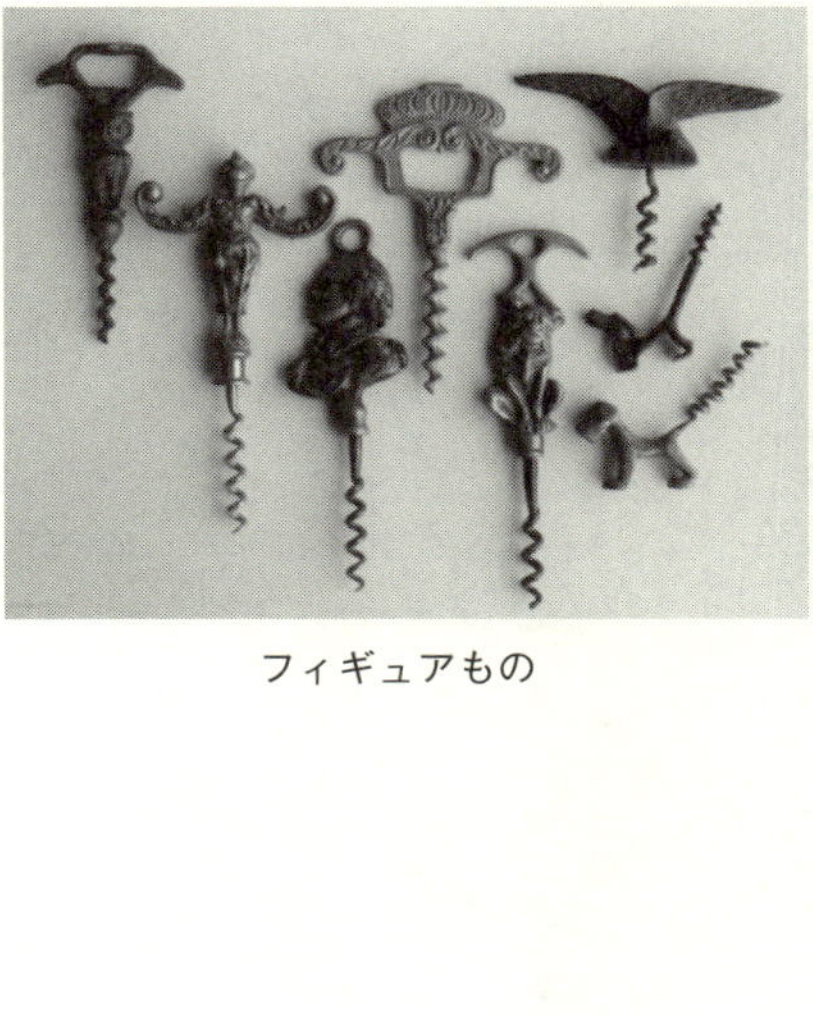

フィギュアもの

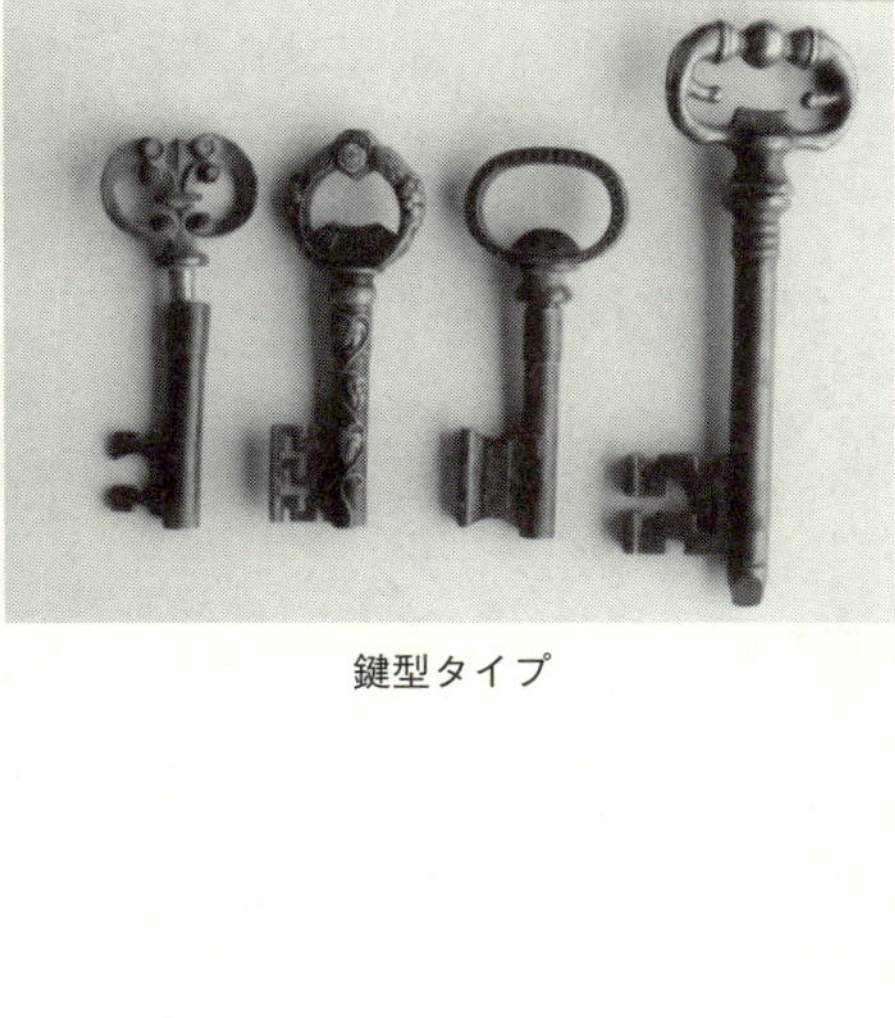

鍵型タイプ

■世界初のコルクスクリュー特許

１７９５年にコルクスクリュー史上において最初の特許が認可されたという記録が英国に残っている。特許を取ったコルクスクリューは、一見普通のストレートプルのように見えるが、ハンドルから数センチ下の部分に小円盤が付いているのが特徴である。ワーム（ネジ）をコルクに捻じ込んでいくと、この小円盤がコルクに達した瞬間に力が加わってコルクが回転し、抜きやすくなるという特許である。

このコルクスクリューは、発明したサミュエル・ヘンシェルの名前をとってヘンシェル・タイプと呼ばれている。彼自身が作って売り出したオリジナルのものには特別なマークが入っていて、市場に出ても破格値がつく。

写真では、右の一点が一本の針金を捻って作った典型的なヘンシェル・タイプである。ハンドル部分に「L.K.MATTE」「CAP CORSE」と刻印されている。これは後述するアメリカのクロウ社製コルクスクリューと同じ作りである。他の二点も原理的にはヘンシェル・タイプと同じであるが、デザインと実用性の面で数段の進歩がある。ハンドル部分はブラス製で上面部に彫刻デザインが施され、重量感があり、力を加えやすい。

■アメリカのクロウ社製コルクスクリュー

アメリカのニュージャージー出身のクロウ氏は、針金を木製のハンドルに巻きつけて自動的にコルクスクリューを作る機械を発明すると同時に、クロ

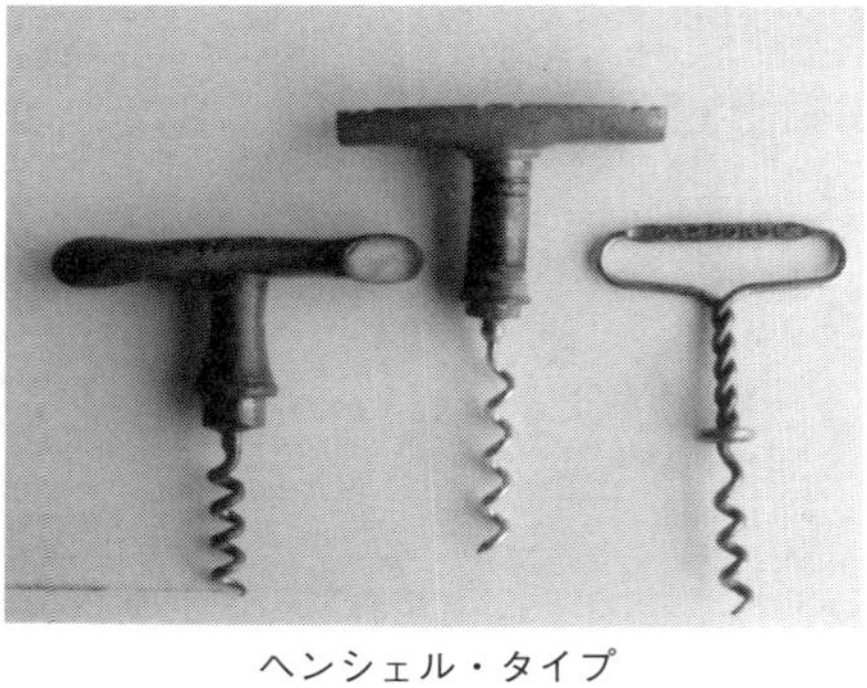

ヘンシェル・タイプ

ウ社を起こして事業を展開したが、安価な材料を使っているため高級品としては売ることができなかった。

しかし、ここからがアメリカンビジネスマンの本領発揮。いつから始めたかは定かでないが、クロウ氏はこのコルクスクリューを広告宣伝物、すなわち販売プロモーションのおまけとして売り込んだのである。１９００年頃になると、ワーム（ネジ部分）をカバーする木製の鞘をつけたものが出回るようになったが、その鞘にワインショップや食料品店の名前を印刷した宣伝用のものが多く見られるようになった。この鞘も最初はワームをカバーするためだけに付けられたのであるが、宣伝に使えるものは何でも使えというアメリカ気質がこのビジネスチャンスをもたらしたのである。

そして、さらにコストダウンを図ったのが、ハンドルまで針金のリングになってしまったものである。全体の針金の使用量も少なく、徹底したコストダウンへの挑戦が見られる。しかし、木製の鞘は付いていて、スポンサーの広告はしっかりと掲載されている。こうなると、コルクスクリューとしての使い勝手はほとんど無視されているが、商品のおまけなのでこの程度で十分である。

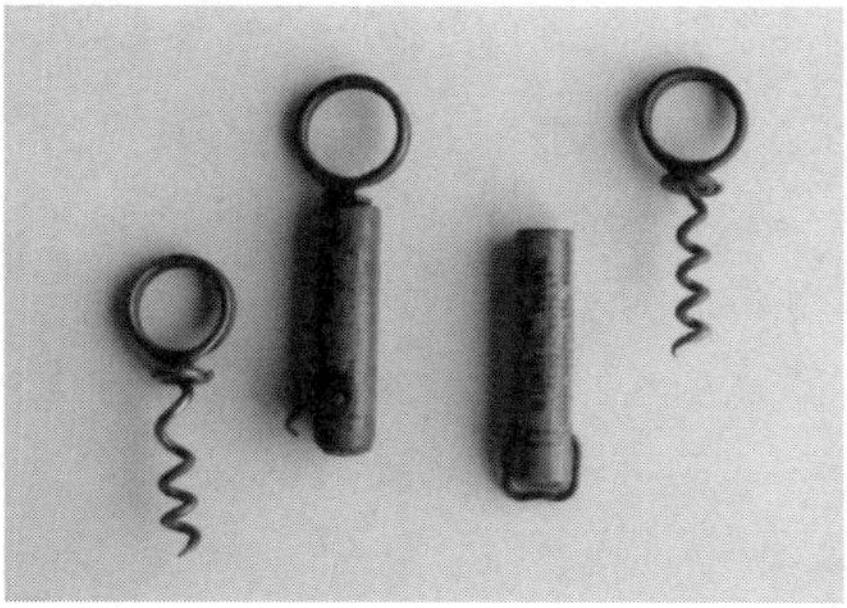

フレームタイプ

胴体部分がフレームと呼ばれるワクのような仕組みになっているタイプで、それがコルク栓を簡単に抜く役目を果たしている。すなわち、ハンドル部分をただネジのように回しているだけでコルクが抜けるようになっているのである。

アンティークのものには、がっちりとした四角いフレームが多いが、最近のコルクスクリューの中で一番売れているプラスチック製のスクリュープルも19世紀からあるフレームタイプと同じ仕組みである。すなわち、ハンドルの部分を回転し続けるとワームがコルクに捻じ込まれ、回転によってコルクを引き抜くタイプである。

■栓抜き兼用フレームタイプ

このシリーズは、フレームが非常に短く、フレームに栓抜き用の鉤が付いているのが特徴である。ハンドルに犬の顔がリアルに彫刻されている一品は、ドイツのフライブルクにあるアンティークショップで購入したお気に入りであるが、使い勝手が極めて悪い。

■フランス製のフレームタイプ

比較的探しやすいフレームタイプは19世紀のドイツ製のものである。機

栓抜き兼用フレームタイプ

フレームタイプ

能本位でデリケートさに欠けるが、仕組みとしてはいかにもドイツらしい先進性を感じさせるものがある。デリケートさを求める人にお勧めなのは、フランスのペリーユというメーカーが作っていたクロムメッキの繊細なデザインのものだ。

19世紀後半にフランスのコルクスクリュー産業の中心的存在だったのはペリーユ社である。フレーム式で、トップハンドルの下に、自由に動くナット（フライナット）がついているものも、ペリーユ社の代表作の一つである。トップハンドルでワームを捻じ込んだ後、このフライナットを回すことによってメインシャフト（中央のワームのパーツ）全体を引き上げてコルク栓を抜くという仕組みで、きわめて実用性の高いものだ。

このフライナット方式のものはフランスのほか、イタリア製が少しある以外は英国やドイツではあまり作られていない。

フラットな直線的デザインのフライナットが一般的であるが、ここに紹介するのは珍しいトライアングルのものである。実用性で優れているというわけではないが、テーブルの上に置いたときにこの形の方が落ち着きがいい。

■パーペチュアル

ドイツ製のフレームタイプのもの。ハンドルを右に回すと、まずワームが下がっていき、さらに回しつづけるとワームが上がってくるというふうに、

パーペチュアル

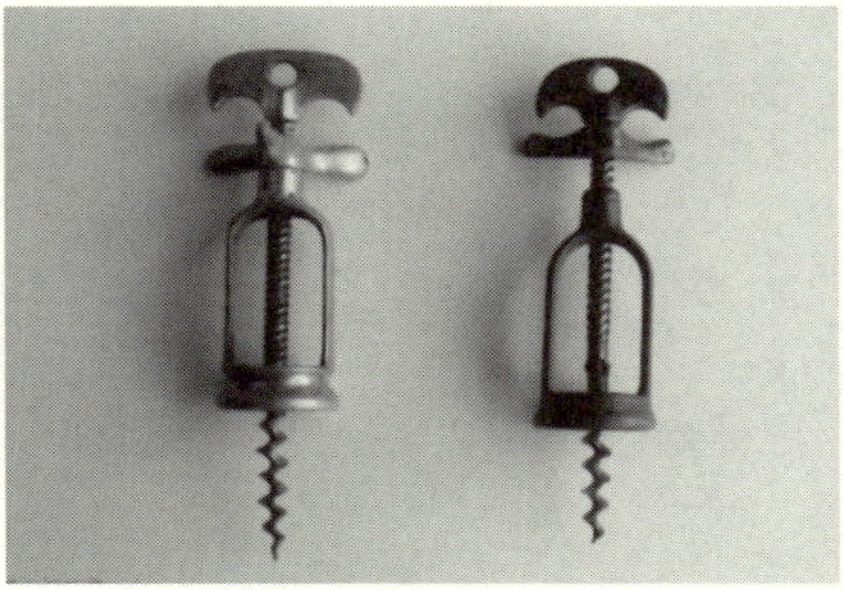

フランス製のフレームタイプ

永久運動を続けるパーペチュアルと呼ばれているタイプ。

このコルクスクリューのユニークな仕組みの秘密はシャフト部分にある。シャフト部分に斜めに溝が彫ってあるが、これが一番上まで行くと反対傾斜の斜めの溝になって戻ってくるという仕組みになっている。それまでのものは、内外で逆方向のネジ山を持つ二重構造になったシャフトが、まったく同じ原理で作用していたが、それを一本のシャフトにまとめた優れものである。

ポケットタイプ

ポータブルタイプのコルクスクリューに対する需要の高まりから生まれ、また多くの職人やメーカーがそれに応えようとしてできたタイプである。

コルクスクリューは、その9割以上に先端の尖ったワームが付いており、携帯すると衣服を傷つけやすく、不便だった。それを携帯に便利なように工夫されたのがポケットタイプである。

ポケットタイプには圧倒的にストレートプルが多いが、レバータイプも少なくない。

■フォールディング・ボウ
19世紀からイギリスで多く作られたモデルで、スチール製のループ状になったハンドルにワームを折りたたむようになっていて、使う時にはワームを反転させると、ループ状のハンドルがついたストレートプルになる。鉄製のループには古い味わいがあり、丸、ハート、三角など形のバラエティーも楽しめる。

■ラウンドレット

現代のデザインでは使われていない。ハンドルにもなるバレル型のケースの半分をねじって開くと、中からワームが出てくる。これを90度回転させてセットし、再度開いた半分を捻じ込んでハンドルにすれば、T字型のストレートプルになる。

■ナイフタイプ

ワームの先端を格納する方法として古くから使われてきたデザインの一つにナイフタイプがある。実際、ポケットタイプのコルクスクリューを必要とするような場合には、ハムやチーズを切るためのナイフも必要なことが多いのだ。

ナイフタイプが豊富なのはフランスであるが、古くからナイフタイプの折り畳みコルクスクリューを作っているラギオール社は、現在でもソムリエナイフの有名なメーカーとして健在である。

■ピクニックタイプ

ポケットタイプがよく用いられたのは、ピクニックのときであるが、イギリスでは20世紀になるまで、ワインボトルも入る大きさで、皿、シルバ

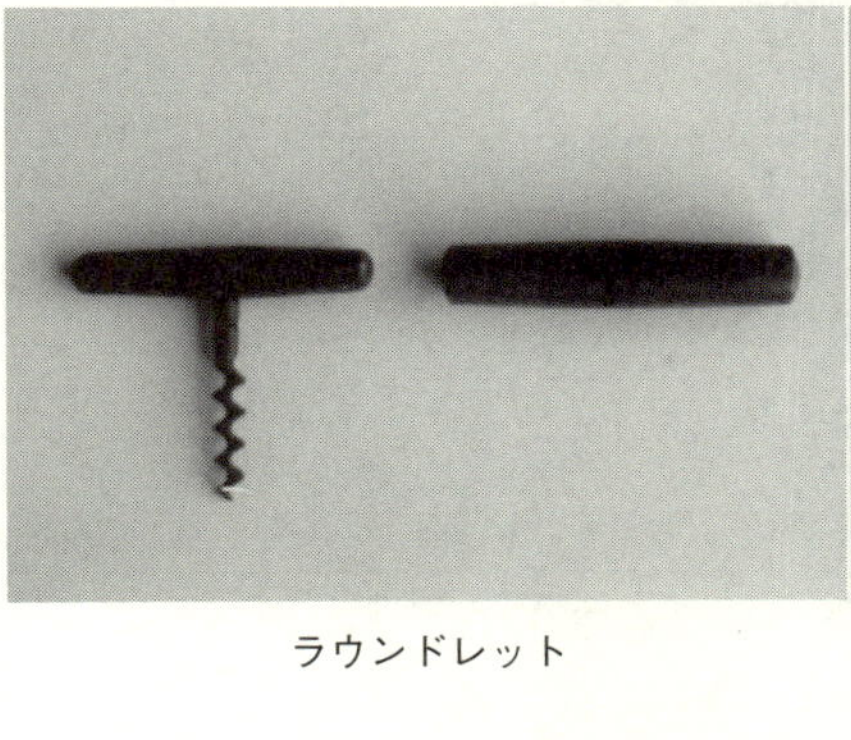

ラウンドレット

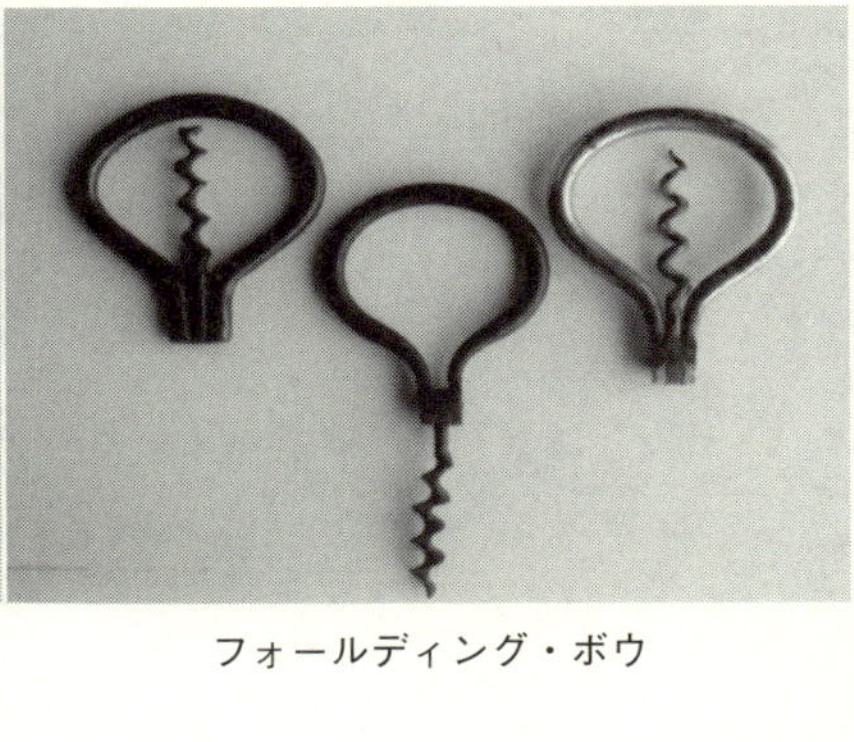

フォールディング・ボウ

ーウェア、グラスがセットになったピクニック用バスケットが人気商品だった。そのセットに必ず付いていたのがこの種のコルクスクリューで、ピクニックタイプと呼ばれている。その起源は古く、18世紀のものもある。先にリングがついていて、これを捻って抜いた後、リングのところに鞘の部分を差し込んでT字形にするもので、金属製と木製がある。

ポケットタイプがよく用いられたのはピクニックのときであるが、イギリスでは20世紀になるまで、ワインボトルも入る大きさで、皿、シルバーウェア、グラスがセットになったピクニック用のバスケットが人気商品だった。

その他

コルクスクリューのタイプは、4つや5つでは分類できないくらい多種多様であり、他にも様々な種類がある。

■ノン・ワームタイプ

コルクスクリューには必ずといっていいほどワームがついているが、

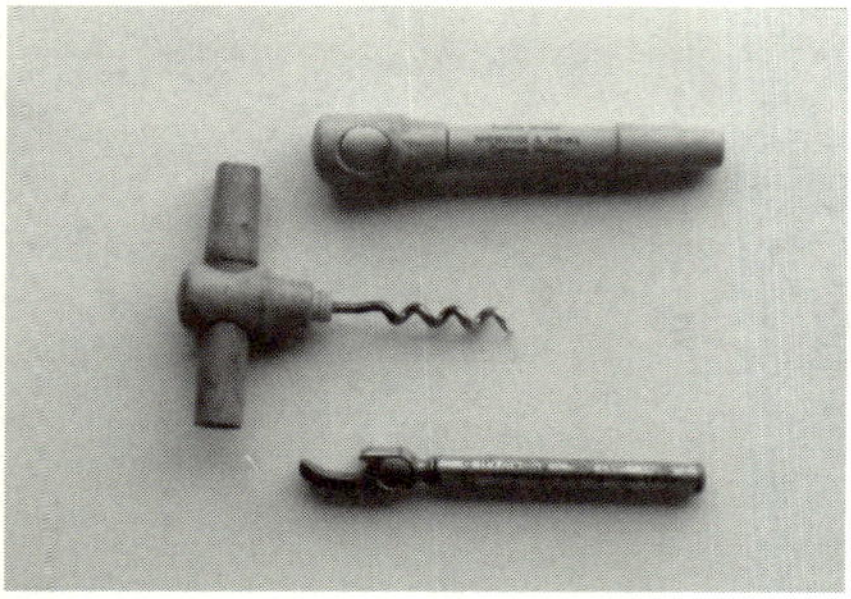

ピクニックタイプ

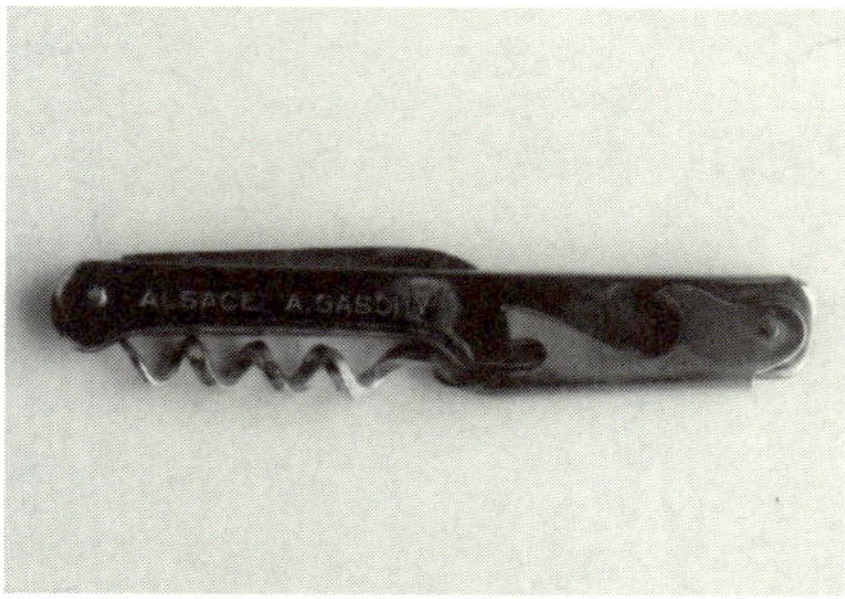

ナイフタイプ

ワームがついていないタイプのものもある。細くて薄い二枚のスティールのブレードをボトルの口とコルクの間に差し込んで少しひねりながらコルクを抜くタイプのものが代表的だ。この仕組みは意外に優れもので、現在にいたるまで使われている。

イギリスではバトラーのスクリューとも呼ばれている。これでコルクを抜くとコルク栓にワームの穴が開かないため、バトラー（執事）が地下のワインセラーにあるシャトー・ラフィットなどの高価なワインを、このコルクスクリューでこっそり開けて味見をしてから、安ワインでまたいっぱいにしておくのに都合がいいということから付いた名前である。

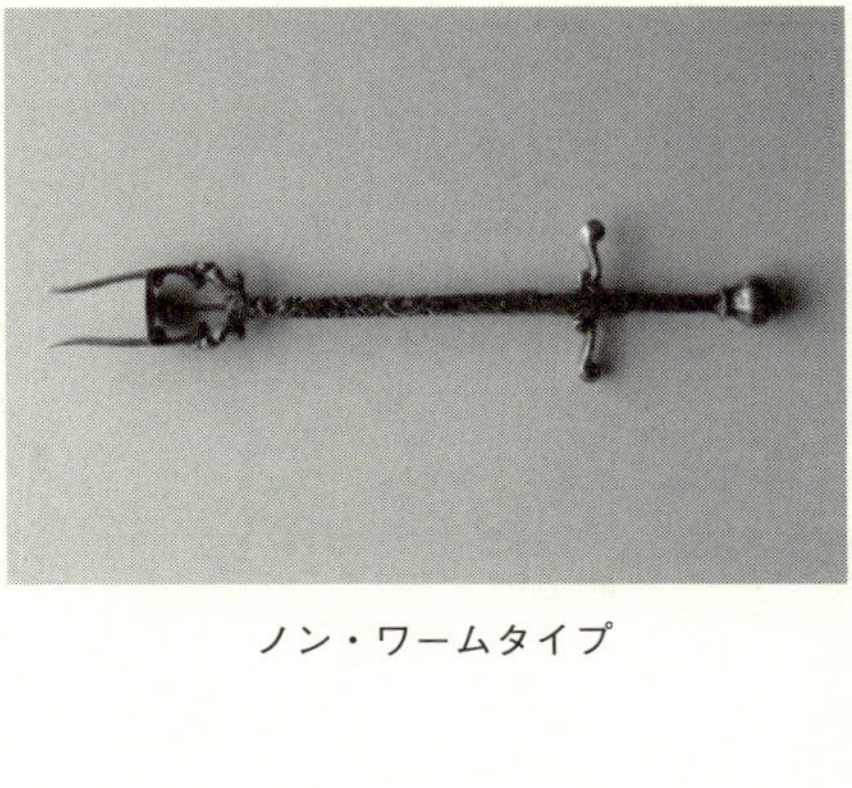

ノン・ワームタイプ

国際交流のすすめ　―あとがきにかえて―

もしも私に国際交流の手段がなかったら、ドイツを何度も訪問することはなかっただろうし、こんなにこの国を好きになることもなかっただろう。私の国際交流の手段とは、武道である。それも柔道や剣道、あるいは空手のようなスポーツ競技ではなく、江戸時代の武士が修行した日本古来の「流儀武術」（一般には古武道の名で知られている）だ。

私は大学時代から日本と中国の武術を学んだ。当初はただ強くなりたいという気持ちが先行していたが、修行を続けるにしたがって次第に武術の持つ伝統と精神文化とに興味が傾いていった。二十代の血気盛んなときに、本当の古伝武術を求めて日本各地を修行して廻り、そして修行した武術はほぼすべて免許皆伝を許された。この伝統を私の代で消してはならない。歴代の師範が江戸時代から伝えてきた武術の伝統を残すこと、ただそれだけが私の使命である。

あるとき、ドイツから一人の同年配の人が、日本にいる私を訪ねてきた。日本の古流柔術を学びたいのだという。翌年、今度は私がドイツの彼の家を訪ねた。彼は日本人以上に日本が好きで、私はドイツ人以上にドイツが好きになった。こうして十数年経った今でも交流が続いている。彼の尽力で、今ではドイツに多くの門下生ができ、毎年講習会を開催するまでになった。

私がドイツに行けば、彼は私が行きたい場所に連れていってくれる。これほどありがたいことはない。武術をやっていて本当に良かったと思う。交流なくしてその国を知ることはできない。ガイドのあとを付いていくだけで、その国がわかると思ったら大間違いである。何一つ自発的に行うでもなく、観光用に用意されたコースをただ団体で動き、お決まりの場所を見て、お決まりの食事をし、お決まりのホテルに宿泊する。そんな旅行は一度行けば十分である。すべてが受け身の態勢では、新たな発見は一つも生まれてこない。

何でもいい。これからの若者には、とにかく国際交流につながる何かを見つけてほしい。そしてそれを生涯続けてほしい。これが私から贈る唯一のメッセージである。きっと世界中に友達ができるであろう。

望嶽小庵にて

小佐野　淳

ヨーロッパの我が門下生たち（2009・ベルリン）

著者紹介

小佐野　淳（おさの　じゅん）

1959年、山梨県富士吉田市生まれ。高校教諭（地理・国際異文化理解）。日本古武道（柔術・剣術・棒術・居合・薙刀他）師範・中国武術金鷹拳日本総教練。趣味である武術を通じ、ヨーロッパや台湾と交流を続けている。特にドイツ・ハンガリーへは1996年以降ほぼ毎年出かけ、各地で見聞を広めている。趣味として、旅行、武術の他、歴史研究、絵画、アンティークコレクション、ドイツワイン研究などを楽しんでいる。日本では京都が大のお気に入り。著書多数。今は妻とのんびり海外旅行をするのが最大の夢。

ローテンブルクの市庁舎前階段にて（2001）

ドイツはビールだけじゃない！

知《し》られざる魅力《みりょく》をもっと楽《たの》しむトラベリングブック

小佐野《おさの》　淳《じゅん》

明窓出版

平成二十四年四月一日初刷発行

発行者 —— 増本　利博

発行所 —— 明窓出版株式会社
〒一六四—〇〇一二
東京都中野区本町六—二七—一三
電話　（〇三）三三八〇—八三〇三
ＦＡＸ　（〇三）三三八〇—六四二四
振替　〇〇一六〇—一—一九二七六六

印刷所 —— シナノ印刷株式会社

落丁・乱丁はお取り替えいたします。
定価はカバーに表示してあります。

ISBN978-4-89634-297-0

ホームページ http://meisou.com